鱷魚法則 × 養鵝理財觀 × 驢打滾儲蓄法
九堂課教你累積財富、穩健投資

金文 著

哈佛致富指南

HARVARD WEALTH GUIDE

樂律

你必修的
理財入門課

種瓜得瓜，理財生財

學會財務規劃 | 擺脫金錢焦慮 | 讓金錢為你工作！

目錄

Lesson 1　理財先理智
　　　　　──哈佛高材生的財務思維 ················· 005

Lesson 2　擺脫「月光族」
　　　　　──儲蓄，累積你的第一桶金 ············· 031

Lesson 3　精明買房術
　　　　　──房地產，高瞻遠矚不吃虧 ············· 049

Lesson 4　保值更要增值
　　　　　──黃金，全球通行的貨幣 ··············· 069

Lesson 5　機會與風險並存
　　　　　──股票，財富倍增的關鍵工具 ··········· 095

Lesson 6　輕鬆投資法
　　　　　──基金，讓專家幫你管錢 ··············· 123

Lesson 7　穩健理財之選
　　　　　──債券，低風險穩定收益 ··············· 155

目錄

Lesson 8　用錢賺錢的新思維
　　　　——外匯投資七步入門 …………………… 183

Lesson 9　避免財務陷阱
　　　　——哈佛教授給投資者的八大忠告 ………… 215

Lesson 1　理財先理智

—— 哈佛高材生的財務思維

◯ Lesson 1　理財先理智─哈佛高材生的財務思維

▌賺得多就不會窮？看看泰森就知道了

　　無論是在國內還是在國外，我們都能看到這樣一群人：或是住著豪宅、開著名車的富豪一族，或是一些工作光鮮、薪水豐厚的白領金領，雖然他們收入頗豐，可是一旦落魄，其處境往往還不如一些普通老百姓。

　　拳擊史上最年輕的世界重量級拳王麥克‧泰森（Mike Tyson），在他二十年的職業生涯中，聚斂了至少3至5億美元的財富，但是在2003年8月2日，泰森卻向紐約曼哈頓區破產法院提出了破產申請。這位昔日腰纏萬貫的拳王，擁有一雙令對手膽寒的鐵拳，為什麼卻掌握不住自己用血汗換來的金錢，使自己陷入財務危機中呢？

　　著名投資人、財商教育領路人、《富爸爸窮爸爸》（*Rich Dad Poor Dad*）的作者羅伯特‧清崎（Robert Kiyosaki）在哈佛大學演講時曾經對學生說：「人們在財務困境中掙扎的主要原因是，他們在學校裡學習多年，卻沒有學到任何關於金錢方面的知識。其結果是，人們只知道為金錢而工作，但從來不學著讓金錢為自己工作。」拳王泰森陷入財務困境也不外乎是這個原因。金融理財師曾經對泰森陷入財務困境的原因進行分析，總結為以下三點：

　　首要責任人是泰森的拳擊推廣人唐‧金（Don King），他在泰森身上榨取了鉅額的利潤，以至於泰森的收入跟不上消費；

其次是泰森的第二任妻子莫妮卡（Monica Turner），奢靡的生活方式，糟蹋了泰森大量的金錢；最後便是打官司產生的鉅額訴訟費。

上述原因讓泰森陷入財務困境，但是歸根結柢，是理財方式不當，成為他破產的罪魁禍首。泰森消費極為奢靡，他離婚案的法庭檔案紀錄顯示，泰森每月的基本生活開銷都要近 40 萬美金。

從 1995 年到 1997 年，他花費了大約 900 萬美金用於法律官司，23 萬美金用於 BB Call 和手機，41 萬美金用於生日舞會。2002 年 6 月，他負債 8,100 美金用於照料他的老虎，65,000 美金保養他的豪華轎車。實際上，泰森在 1991 年以後，淨收入不斷減少，但他並沒有因此而改變奢侈的消費習慣，所以導致他入不敷出。

泰森幾乎沒有任何理財規劃。我們都知道，信用卡消費一直是美國人的基本消費習慣，所以做好信用和債務管理成了個人理財最重要的部分。但是泰森的財務管理卻非常混亂，完全缺乏預警機制。從 1998 年起，泰森就已經承擔了巨大的債務壓力，但習慣於預支消費的他，還是在 2002 年 12 月 22 日選購了一條價值 173,706 美元、鑲有 80 克拉鑽石的金鍊。而即使是在申請破產保護後，他的律師也並不是很清楚他的資產與負債狀況。

一個完全不懂財務及理財的拳王，當然也有自己的財務顧問，但是他的財務顧問不僅沒有將他個人的財富進行有效的增

Lesson 1　理財先理智—哈佛高材生的財務思維

值,更沒有制定所謂的現金規劃、債務規劃、稅務規劃等理財計畫。泰森的發言人說,正是因為這些人胡亂使用泰森的錢,才造成這位前拳王現在的窘境。

一個身家幾億美元的拳王,在不當消費及缺乏理財規劃的情況下,居然會陷入財務危機,變成一個窮光蛋。因此對理財投資不重視的我們,每個月幾萬塊的收入,陷入財務危機太正常了。

羅伯特・清崎在哈佛大學演講時就曾調侃道:「很高興受邀來到這裡為大家演講,比我用一美元在一天內賺一億美元還要高興。當然,那是不可能的。但是,我們絕不能因為不可能就對一美元不屑一顧。相反,我們應該對它有足夠的理解,因為它將決定你是富有還是貧窮。」

羅伯特・清崎在演講最後對哈佛學子這麼說:「上天賜予我們每個人兩樣偉大的禮物:思想和時間。輪到你運用這兩樣禮物去做你願意做的事情了。隨著每一美元鈔票流入你的手中,你,且只有你才有權決定你自己的前途。愚蠢地用掉它,你就選擇了貧困;把錢用在理財上,你就會進入中產階層;投資於你的頭腦,學習如何獲取資產,財富將成為你的目標和你的未來。選擇是你做出的。每一天,面對每一美元,你都在做出自己是成為一名富人、窮人還是中產階級的選擇。」

所以要記住,想要避開財務困境,高收入並不能解決所有的問題。人不要一味地為金錢工作,而應該讓金錢為自己工作。

不會賺錢不是你的錯，
但對錢不負責就是你的不對了

「做得好不如嫁得好」成為時下很多年輕女性的生活目標，她們顯然就是希望能夠嫁給有錢人，這樣不僅後半生有了保障，也不再需要她們出去忙碌工作。人們看似都十分在乎別人的資產有多少，但究其根本，不過是想看對方能否幫助自己過上財務自由的生活。

財務自由是引自歐美的投資理財概念，核心含義就是：當你不想工作的時候，也不必為金錢發愁。當你不用為了錢而不得不工作的時候，你便自由了。

哈佛商學院的學生在課堂上都會聽到這樣一句話：「想賺錢首先要從『心』開始。」也就是說，要搞清楚金錢在自己生活中的意義。是有計畫地開源節流還是大手大腳？是要做個謹慎的管理者管理金錢，還是不把錢當一回事，有一分就想辦法花兩分？

誠然，人人都渴望擁有財富，但實現財富自由並不是指人們可以在金錢消費上隨心所欲。如果不能對金錢負責任地管理，那麼無論擁有多麼龐大的財富，也不能真正達到財富自由。因為財富再多也是有限的，而一份尊重財富的責任心卻是無價的。

近幾年，富二代炫富的新聞陸續成為各大入口網站的頭條，並且是街頭巷尾熱議的話題。某男子買下用 1,999 朵 24K 金箔玫瑰組成的愛心花束，只為向女友求婚；某少女為了炫富

○ Lesson 1　理財先理智──哈佛高材生的財務思維

用打火機點燃鈔票；某女士只用一分鐘，就在百貨公司刷卡消費 150 多萬；更有人買成堆的名牌包拍照，炫耀自己家裡有幾套別墅……各種炫法層出不窮，別出心裁。

　　這些含著金湯匙出生的人不用像普通人那樣，將成為有錢人作為生活目標，他們自己就是有錢人，但他們最後未必能實現財富自由。原因很簡單，因為他們對金錢沒有正確的認知，他們沉浸在金錢充裕的世界裡已經成為習慣，知道花錢的爽快，卻不懂得賺錢的辛苦。他們也沒有足夠的工作能力，對物質的欲望卻又無限膨脹。就算錢再多，也總有用完的一天。只有真正尊重金錢，帶著對生活的責任心認真管理金錢的人，才有可能達到財富自由的境界。

　　老李擁有令人稱羨的億萬資產，卻對一塊錢非常看重。不是他吝嗇，而是他懂得財富的真諦。有一次，老李在上車前拿出手帕擦臉，不小心把一塊錢的硬幣滾落在地上。那時天正下著雨，他執意要去把錢撿回來，但祕書因為擔心他會被雨淋到而堅決制止。後來，還是站在一旁的侍者撿回了這一塊錢。老李付給侍者 100 塊的小費，他說：「如果不撿起來，被水沖走就浪費了，這 100 塊卻不會被浪費。錢是社會創造的財富，不應被浪費。」

　　我們說的「對錢負責」，怎麼負責？不是說看住口袋裡的錢這麼簡單。我們普通人雖然沒有像老李那樣雄厚的資產，但卻可以學習他這種重視金錢、對金錢負責的態度。錢不是人人都

有，但重視的態度卻是每個人都可以擁有的。只要能合理安排理財計畫，提高自己的工作能力，那麼像富豪一樣達到財富自由的境界絕對不是夢想。

老宋擁有一個令人稱羨的美滿家庭，年收入過百萬，一般人得到這麼多錢，最先想到的大概是如何消費。但擅長理財之道的老宋早就將一切安排妥當：他先是幫女兒籌備教育基金，將閒置的錢投入到房地產和股市中，還幫父母買了養老保險，老宋的規劃是「每年穩定取得的投資收入高於100萬元」，目前他正處於衝刺階段，並已經看到了提前實現的曙光。

在生活中，不少人都有這樣的感覺，就是錢不知不覺就花光了，具體買了什麼，在哪裡消費，他們沒有任何印象，這就是蔑視金錢的表現。老宋的理念就值得學習，那就是做到真正對錢負起責任。而負責的起點就是要準確了解自己的情況：「我現在的財產狀況是什麼樣的，我要怎樣去賺錢，賺來的錢有哪些做儲蓄、哪些做開銷、哪些用來投資。」然後為自己量身定做一個計畫，穩健而有序地將這些願望一步一步地實現。

生活中像老宋這樣擁有充裕資產的人恐怕還是少數，作為普通的上班族，透過適當的理財與節約消費，一樣能夠達到財富自由的目的。比如：

一、正視錢的作用，賺多少並不重要，能留下多少、怎樣使用才重要；

二、學會存錢，並教育自己的孩子也這樣做；

三、省下一分就等於多賺一分，抵制「可買可不買」的消費品的誘惑，把所有錢都花光是個壞習慣；

四、搞不清楚錢到哪裡去的時候，可以記帳。把每天的開銷詳細記錄下來，從中發現不該消費的品項，以後避免犯這樣的錯。

要做到以上四條並不難，難的是持之以恆。金錢是忠誠的，你尊重它，它便也尊重你；你管理它，它便會忠實於你。

等「有了錢再說」，那你這輩子都發不了財

時間是財富最好的朋友，張愛玲說過：「出名要趁早。」對於理財來說，更要趁早。

現代社會中，我們的計畫似乎永遠也趕不上變化快，買車、買房、子女教育、學業深造、醫療、養老等，都需要我們提早規劃，提前打理，這樣才能從容應對人生。

可是大多數人似乎沒有這種遠見，而是想當然地認為：「反正我還年輕，也沒有很多財可理，等以後再說吧！」這是許多年輕職場人士的想法，對於他們而言，有錢就花掉，「及時行樂」是他們不進行投資、理財的理由。

年輕人因為收入不高而不投資；中年人因為家庭負擔重而不投資；創業的人，因為初創企業「嗷嗷待哺」而不投資；未婚

的人，因為還沒感受到家庭重擔而不投資；已婚的人，又常常因為養房、養車、養小孩支出太多，收入已經沒有可投資的餘地而不投資。

殊不知，等到負擔減輕時才投資為時已晚，剩下的時間已不夠準備足夠的教育基金及退休金了！這樣的人生，幾乎每一個階段都在手忙腳亂中開始，在倉促無序中結束。到最後何來財富自由，何來享受生命呢？

所以，就理財而言，學習如何理是第二步；首要的是，不論財富多少，現在就開始理財！別讓「有了錢再說」耽誤了自己的「錢程」！

對於高階理財者來說，他們很明確什麼年齡階段應該做什麼事情。一般來說，年輕時，他們會把投資重心放在自己身上，目的是培養自己的「致富」能力，這樣隨著年齡的增加，一旦積蓄的資產具備一定規模，從40多歲開始，自己消費的支出就可以從投資得來的複利中抽取了。理財重心也相應由資產的「累積」轉移到了資產的「保值」上。

那麼，大多數普通人呢？可能有人會問：普通的上班族家庭，錢算來算去就是那麼多，實在不知道該怎麼理？其實這是一個迷思：理財投資不是有錢人的專利，恰恰是我們普通人必須做的。對於普通人來說，生存必需支出在整體支出中所占比例更大，這樣一來，一旦遭遇變故就會面臨更大的壓力，這就要求我們從普通理財中「滾雪球」。

Lesson 1　理財先理智─哈佛高材生的財務思維

下面，就以子女教育基金為例，算一筆帳，看看及早理財與推後理財對家庭規劃究竟會產生多大的影響。

現在教育花費高漲，養育成本隨之增加，從一個小孩子出生到供孩子讀完大學課程，教育支出至少要幾十萬元；如果再到國外自費留學的話，至少要花 100 萬元。

對於普通家庭來說，100 萬是一個天文數字，一個月幾萬元的收入多久能存夠 100 萬呢？

其實，如果能及早開始規劃孩子的教育基金，透過系統化的執行，要準備數百萬元的教育或孩子成家基金，並沒有那麼困難。我們仍以累積 100 萬元教育基金為例：如果孩子出生的時候，我們就採取定期定額投資的方式，每月支出 1,665 元，假設每年投資報酬率為 10%，那麼到孩子 18 歲的時候，我們將輕鬆擁有 100 萬的教育基金；但是如果到了孩子 10 歲的時候才想到準備，則每月需要支出 6,840 元，趁早理財的重要性由此可見一斑。

所以，無論我們屬於何種身分、何種收入，理財都應該秉持居安思危、未雨綢繆的原則，越早規劃和實施越好。這樣，在面對人生變故的時候，才不會出現「錢到用時方恨少」的局面。「凡事豫則立，不豫則廢」這句話在理財上同樣適用。

哈佛圖書館牆壁上二十條校訓中，很重要的一條就是：投資未來的人，必定是忠於現實的人。作為世界最知名的大學之一，哈佛時刻教育學生：要有長遠眼光，為未來投資。從無數

從哈佛走出來的商業和投資界菁英身上，我們可以知道，這種教育絕不僅僅表現在學習和工作當中，更對他們的投資理財產生了重要的影響。

股神巴菲特從小就受到良好的理財教育。他從 6 歲起就知道儲蓄，雖然每月只存 30 塊。但到 13 歲時，他就拿出 3,000 塊買了人生的第一檔股票，並愚公移山般年年儲蓄，年年投資，幾十年如一日。結果在 85 歲時成為比微軟的比爾蓋茲更有錢的人。

西方有句話說得好：「安度晚年有兩種方法，要麼認真儲蓄，要麼死了算了。」東方也有句俗話——「養兒防老」，其實這句話放在今天，應該是「養錢防老」才對。不是錢不多就不需要理，反而越需要錢的人，越要及早規劃。理財越早進行，自己的負擔越小，將來帶給兒女的負擔也會越小。而且這樣帶來的好處不僅是泰然的生活節奏，更是自如掌控人生的成就感。

試想我們的父母，他們當年的生活條件比現在艱苦得多，為什麼他們可以順利養大幾個孩子，現在還能過著經濟獨立的退休生活呢？那是因為他們在年輕的時候已經懂得理財。就像臺灣首富王永慶的那句名言一樣：「賺一塊錢不是一塊錢，存下一塊錢才是一塊錢。」

◯ Lesson 1　理財先理智──哈佛高材生的財務思維

哈佛的第一堂經濟學課：區分消費和投資

在 2008 年次級房貸危機爆發後，有很多美國人一夜之間變得一無所有，但也有這樣一群美國人，他們生活無憂，幾乎沒有受到次貸危機的影響，他們就是恪守「哈佛理財教條」的哈佛畢業生。

為什麼哈佛畢業生能夠抵擋住次貸危機呢？因為他們出身名校、有穩定的工作或收入豐厚嗎？都不是，而是他們在踏入哈佛課堂的第一天，他們就會接觸並執行以下這三個理財概念：第一個概念是區分消費行為和投資行為；第二個概念是被人們稱為「哈佛教條」的「每月先儲蓄 30% 的薪資，剩下才能進行消費」的理財軍規；第三個概念是「理財中最重要的兩句話」。

下面我們來看看這三個改變哈佛學子命運的概念。

首先，區分消費行為與投資行為，這可以說是任何投資理財的前提，但是很多人在消費前，並沒有這樣的概念。那什麼是投資，什麼又是消費呢？舉個簡單的例子來說，比如兩個同學甲、乙，他們手上現在各有 50 萬美元，甲買了一套房子，而乙買了一輛名車，數年之後，甲的房子不斷增值，價值達到 80 萬美元，而乙的中古車，10 萬美元也無人問津。

看過美國電影《購物狂的異想世界》(Confessions of a Shopaholic) 的人都知道，電影裡有一個綠圍巾女孩令人記憶猶新，她不惜血本購買時尚名品，身陷債務危機。她在差點迷失自我

的時候,忍痛將收藏的所有心愛名牌拋售出去,令人稱奇的是,她不僅還清了所有債務,而且還獲得了一筆收入。在購買和享受奢侈品的過程中,她遇到了富豪白馬王子,在事業上也發展迅速。

當然電影是為了提高觀影效果,有意誇大了奢侈品的投資保值作用,但是這也告訴我們如果在購物時,對自己的所購物品能夠做出理性的判斷,知道是消費行為還是投資行為,至少我們能像電影的主角一樣,不僅沒有債務危機,而且還能賺一筆。

其次,我們再來看看「每月先儲蓄30%的薪資,剩下才能進行消費」的哈佛理財軍規。無論是在美國,還是在亞洲,大家拿到薪資,首先進行的是消費,消費剩餘的再進行儲蓄,但也有一些聰明的人,他們會先將一部分儲蓄起來,可能是薪資的10%,也可能是20%,也有人會像一些哈佛學子一樣,儲蓄30%,但是大部分人在一個月後或幾個月後,又將儲蓄的錢取出來花了,這樣一年下來,還是儲蓄不了錢。

石油大王洛克斐勒(John Rockefeller)16歲開始闖蕩商界。他最先是在一家商行當簿記員,雖然收入不多,月薪只有40美元,但他仍然把大部分錢積蓄起來,為日後的投資做準備。兩年後,他開始做臘肉和豬油的投機生意,成了一個小有資本的商人,這時他仍然保持著儲蓄的習慣,他要為今後的大投資做準備。

機會來了,在1859年石油業掀起熱潮時,他憑藉長期積蓄

○ Lesson 1　理財先理智―哈佛高材生的財務思維

的資本，在一家煉油廠拍賣時，不惜重金，每次叫價都比對手高，最終獲得了這家煉油廠的產權。這就是他賴以起家，登上石油大王寶座的標準煉油廠。經過二十年的經營，洛克斐勒控制了美國 90% 的煉油業，成為億萬富翁。他成功的基礎，就是他 16 歲時開始養成的存款習慣。

投資理財的前提是儲蓄，如果不儲蓄就不可能理財。有位理財規劃師也說：「年輕人應該先從存錢開始，收入像河流，財富像水庫，花出去的錢就是流出去的水，只有剩下的才是你的財，如果你是月光族，那你有什麼財可理？所以說年輕人一定從存錢開始。」

最後，我們來看看「理財中最重要的兩句話」，這兩句話分別是：「一定要投資，並且要求年化報酬率要在 10% 以上」、「持之以恆，不論是儲蓄還是投資，必須堅持十年以上」。

著名投資家羅伯特・清崎曾將這兩句話比喻為「減肥」：「如果你想減肥，保持完美的身材，那這一定是個漫長的過程。你必須經常鍛鍊，改變飲食習慣，並堅持一段時間，效果才會顯現，不可能一夜之間瘦下來 —— 除非你做了抽脂手術。即使如此，你仍然需要調整你的生活方式，以保持減肥效果。」

投資是一個過程，只要你肯堅持，沒有什麼其他祕訣可言。在投資的過程中所犯的錯、得到的經驗、樹立的信心，比最終的目標更為重要。自身能力得到發揮與提高，這才是投資的真正價值所在。

投資理財，人性比方法重要一萬倍

有人說，投資不是很簡單的事嗎？找個當今最紅的產品，把錢往裡面一投，然後坐享其成就可以了。也有人說投資恐怕只有那些商人、投資家才會弄明白吧，我們普通人玩投資一定會被騙的！

其實，投資不可能非常簡單，但是也絕不會那麼困難。以上兩種觀點都有一定的誤解，具體的投資方法暫且不談，僅抱著這些偏頗的投資態度就一定不可能理財成功！這就像股市中的一句至理名言：「炒股炒什麼，炒的是人性。」投資理財也是一樣，有正確的態度最起碼可以積少成多，但徒有經驗方法卻總是態度冒失，恐怕就只有賠錢的份了！

就像馮先生有太多門道摸不透，最後看來看去，錢卻被自己不知不覺花掉了。

馮先生在三年前從廣告上看到要提前為孩子的教育基金做準備，便下定決心為自己剛出生不久的寶寶買了一份保險，每兩年領取一次生存保險金。夫妻二人本來打算把這筆錢存下來，用作孩子將來的教育基金。但兩年後當馮先生真的把這三萬多元的生存保險金領到手時，他的內心卻動搖了。他對投資不了解，本來想把錢投進股市，因為不了解又害怕賠光，就打消了這個念頭；轉念想存進銀行吧，又感覺利息太少。最終，就在夫妻倆對理財項目拿不定主意時，他們卻禁不住某商場打折活

Lesson 1　理財先理智─哈佛高材生的財務思維

動的誘惑,用這筆錢購置了手機和電腦。

在生活中可以看到很多像馮先生這樣的人,他們對高風險投資非常恐懼,總是想如果把錢投進去,不要說得不到回報,萬一連本金也賠光了該怎麼辦?同時,他們對低風險的固定儲蓄也不屑一顧,利息回報只有一點點,看不到明顯的成長。於是便開始在恐懼與貪婪中左右搖擺,如果這時又經受不住消費品的誘惑,這錢也就輕易地花出去了,到頭來可能還納悶自己為什麼沒有存款。

19 世紀中期,正值美國加州淘金熱。費恩是美國肯塔基州的一個農場主,他聽到很多朋友去加州淘金並成為富翁的故事後,十分心動。經過再三考慮,費恩決定賣出農場,然後又向朋友湊了一大筆錢,向著夢想中的加州出發了。

若干年後,他兩手空空地回來了,加州並沒有讓他賺到錢,反而賠得一乾二淨。當他站在故鄉的土地上時,卻驚奇地發現:他原來的農場上正在大規模開採金礦,從他離開這裡之後就開始開採,到現在也一直如此。費恩後悔莫及,但一切為時已晚。

大多數投資者都認為自己有能力掌握投資方向,可以做出最準確的判斷。但就算是經驗豐富的投資家也常有失敗,這是為什麼?其實,經驗與技術固然重要,但是人性的弱點掌握不好,才最可怕。很多時候,人們並不能適時調整自己的心態,不能靜下心來分析眼前的變化趨勢,而是被人性的弱點所左右。比如股民面對熊市時很恐懼,面對牛市時又異常貪婪。在極富

衝刺性的現實變化中,他們眼中只有不斷攀升的指數或一直低迷的股票,他們無暇顧及平日掛在嘴邊的投資原則,只為眼前利益所迷惑。

哈佛商學院在經濟學課上討論時,學生曾得出這樣的一個結論:「有時候商業就是人性,人性就是商業!」人的聰明敏銳可以幫投資者選出最好的投資方式並賺到錢,但恐懼貪婪的弱點卻可以把投資者的資本一夜掏空。這不是危言聳聽,一家科技公司周董事長的一次失敗就能說明這點。

IT出身的周董事長雖然在IT產業做得風生水起,但對投資充滿熱情的他卻總是容易聽信創業者的口頭藍圖,然後頭腦發熱。曾經有一位創業者找到周董事長說要做羊奶,說牛奶的市場已經過度飽和,而羊奶業尚無人涉足,所以具有很大的投資價值。投資羊奶既能賺錢,又能帶動農民養羊、幫助農民脫貧,是多有意義的一件大事啊!周董事長很快就被這天花亂墜的計畫說服了,他只嚐了兩次對方提供的羊奶,就立刻拍板投資了幾百萬。

可沒想到短短一個月後,對方就說錢花完了,周董事長感到很意外,這才想到去實地調查。他後來發現事情和他想像的有很大差距,創業者不僅往羊奶裡添加化學藥劑,而且他養的羊也根本不出奶,還得去別處收奶維持。這個創業者只想著向投資人要錢,也不去做行銷,當然會把資金花光。

周董事長這幾百萬雖然打了水漂,但他就此得出一個重要

Lesson 1　理財先理智—哈佛高材生的財務思維

結論：「做投資不能憑想像，也不能憑熱情，更不能衝動。」

投資本來是很簡單的事，為什麼有資深投資者投資失敗，也有初涉市場的人投資成功？關鍵還在於「人性」二字。由於恐懼與貪婪、想像與衝動，人性的弱點矇蔽了投資者的雙眼，擾亂了他們的理性，原本遵循的投資原則被扔到一邊，當然會掉進失敗的深淵。

不過，人性的弱點固然難以克服，但也不是毫無辦法，只要戒掉「懶、願、貪、懼」，相信纏繞在我們心裡的魔鬼很快就會變成天使了！

懶：天下沒有免費的午餐，任何東西沒有付出是絕對得不到回報的。如果你願意行動起來嘗試新的方式，那你就有機會賺到更多的錢。這世上沒有人可以不勞而獲。

願：人性中有一種本能，就是只願意相信自己希望看到的事，不管它是真是假。可往往就是在這個弱點的影響下，投資者看不清現狀，理不清頭緒，到最後越輸越慘。要學會接受不喜歡的事物，良藥苦口，有時被認為是最麻煩的投資方式，恰恰是最穩妥也最保險的。

貪：是人就會有貪欲，在投資中這個弱點表現得尤其明顯。人們在巨大利益的驅使下，會抱著僥倖心理鋌而走險。不少人就是被「貪」這個字拖累到血本無歸。所以，要控制情緒，堅持自己最初的投資理念，走最長遠的那條路，這樣才能成為最終贏家。

懼：很多人害怕投資，怕自己辛苦存下的積蓄會一夜之間消失。但是如果因為對投資的恐懼而望而卻步，那就永遠只能做站在市場外的看客。重要的是先學會如何投資，找到適合自己的產品。既想賺大錢又想永遠不賠本，這是不可能的。

總之，上帝從沒有規定過誰不能獲得財富。很多時候，不是你不能收穫財富，而是你不相信自己能夠收穫財富，總想得到更多才最終錯過好時機。要堅持最初的投資理念不動搖，不管發生什麼變化，一定不能自亂陣腳，要梳理心情，力求冷靜地去看待大局。人性的弱點無法避免，但要學會抗拒干擾。

走別人的路，只會讓自己無路可走

曾經有一則「為一雙腿投保百萬保險費」的新聞吸引了無數人的眼球。事情是這樣的，美國一位模特兒為自己美麗、修長的雙腿投保了一份鉅額保險，因為「腿」幾乎是她財富的唯一來源，她這麼做，正是想在遇到不可預測的變故，或是在因衰老被市場淘汰之後，仍然能透過保險得到不菲的收入。

這著實令許多少女讚許豔羨，不過羨慕歸羨慕，即便普通女孩也有美麗、修長的雙腿，想擁有這樣的投資計畫也是可想而不可得的。

為什麼呢？因為普通人的腿不會產生和模特兒一樣的經濟效益，所以在投資上自然也不會有必然回報。不過，不能採

Lesson 1　理財先理智─哈佛高材生的財務思維

取完全一樣的投資方式，不代表普通女孩就不能擁有令人羨慕的、專屬於自己的理財方法。

就像大海裡的大魚和小魚，大魚處在食物鏈頂端，小魚只有被吃的命運。但是等大魚死後，牠的屍體就成了小魚的美味食物。其實，理財方式也一樣，沒有強大與弱小、好與不好之分，關鍵是自己的實際條件更適合哪種理財方式。

哈佛商學院的教授就指出：「投資者持有什麼樣的投資理念，是由其思想、性格、閱歷及學識所決定的。投資決策很重要的一點就是，找到適合自己的投資理念。」

以不同年齡層的女性理財方式調查為例：

20～25歲的小資女孩，這時她們除了要做好基本的儲蓄和定期定額投資之外，更要拿出一部分錢來投資自己的能力和人脈，這樣既能達到讓「錢生錢」的目的，還能輕鬆擺脫「月光族」的困擾。

對於25～30歲的女性來說，步入二人世界甚至已生兒育女，生活規劃就變得更為重要。這時的理財，不僅要考慮房貸、車貸、醫療，子女教育基金、重大疾病保險也都要考慮在內了。

而女性到了40歲左右，則要把子女的成家基金和自身的養老費用安排妥當，這樣不僅可以做兒女的堅強後盾，更重要的是，在晚年時不會帶給子女過重的負擔。

所以，一定要為自己量身定做一款理財計畫，因為理財計畫不具有可複製性。

如今人們投資的盲目性仍然非常嚴重,有多少人覬覦因為某檔股票重倉而一夜暴富的「暴發戶」;有多少人的眼睛死死盯在基金或理財產品的漲跌上;又有多少人只是一味地研究和模仿那些所謂的投資大師,試圖從中找到打開財富之門的鑰匙。但問題是,這些投資大師的選股方法對於自己來說,真的可以複製嗎?

巴菲特有句名言說得好:即使葛林斯潘(Alan Greenspan,美國聯邦準備理事會前主席)和魯賓(Robert Rubin,美國前財政部長)每天都坐在我的旁邊,我也不會因為他們的意見而絲毫改變我的投資理念。這句話可以說道出了很多人在投資理財上削足適履的可笑。

曾有人這樣問過巴菲特:過去十年,可口可樂不僅沒有跟隨大盤上漲,還下跌了30%~40%,怎麼看待股票被高估而沒有賣出的問題?巴菲特沒有給出答案,也沒有回答可口可樂是否被高估的問題。

但是對巴菲特研究頗深的人道出了其中真諦:巴菲特對於投資週期的理解,與其他人是不一樣的,他最擅長的是以十年為單位來計算投資和收益。而我們當中,有誰能做到以十年為週期考慮自己的理財計畫和人生規劃呢?

歸根結柢,屁股決定腦袋,每個人所處的位置不一樣,立場不一樣,看待問題的方式、思考的邏輯自然也不一樣。也許巴菲特對前面的問題沒有說出口的答案就是:可口可樂的基本

Lesson 1　理財先理智──哈佛高材生的財務思維

面沒有改變，護城河也還在，如果股價跌了，我還會再買。

另外，對於大多數的普通人來說，缺少的不僅僅是收入分配的規劃，還有對當今市場上花樣繁多的理財產品的甄別能力。每家金融機構都說自己的理財產品是最好的，其實適合自己的實際收支狀況的那個才是最好的。

總之，就像哈佛商訓中說的那樣：能否成為一名成功的投資者，主要在於，能否根據各種投資方式所要求的條件，與自己相對照或做調整，並從中找到最適合自己的。投資之道並沒有絕對的好壞之分，能夠適應自身條件、適應行情發展的投資理念就是最好的。

為什麼錢越花越有，越省越窮？看懂了，錢就來了

如果一個人手中只有一塊錢，他能活多少天？這個問題在不同的人心中有不同的答案。

有這樣兩個乞丐，他們都手握十塊錢：乞丐 A 用這十塊錢去買了個餅，吃飽後覺得很滿足，而接下來煩惱的事自然就是明天能討到多少錢；乞丐 B 呢，則用十塊錢買了十條橡皮筋，然後以每條兩塊錢的價格賣出去，最後他不僅得到了今天的飯錢，甚至連明天的錢都不用發愁了。

上面說的這兩個乞丐的故事，其實就是生活中兩種人的理財觀念：

一種人，熱衷於享受存摺上慢慢增加的數字，然後盤算著到下個月、下下個月的時候，帳面的數額會增加多少，這些錢

又可以使用在哪些地方。他們不知道，就在他們掰著手指為錢做加法的時候，另一種人已經因為採用了更加靈活、高效的理財方式，讓金錢以乘法的速度增加了。

《哈佛商學院啟示錄》（*Harvard Business*）中，就把金錢簡單地累計稱作「線性收入」，而透過投資得到的高回報稱作「投資收入」，這兩種人最重要的分別是：「前者以時間衡量，一旦不工作就失去收入，而後者卻可以不斷地帶來收入。」其實，這句話翻譯過來的意思就是：為錢做加法，自己永遠被工作牽著走，且累積不了財富；而為錢做乘法，才能成為金錢的主人，讓錢自動幫自己創造財富！

普利茲（Joseph Pulitzer）是在匈牙利出生的猶太人，17歲時到美國謀生。他最早在美國軍隊服役，退伍後決定自己創業。在反覆觀察和思考之後，他看中了報業這塊蛋糕。可是，那時的他既沒有資本又沒有經驗，想做報業簡直是異想天開。雖然前途多坎坷，但普利茲相信自己，他為自己規劃了一個前進的方向，決定踏踏實實從頭做起。

他先是找到聖路易斯的一家報社，謀求一份記者工作，以便熟悉這個產業。因為他沒有工作經驗，自然遭到了該報社的拒絕。但普利茲認定了這個目標，他不想在開局就敗下陣來。後來他不斷拜訪這家報社，努力介紹並推銷自己，最終打動了報社的老闆，錄用了他。但條件是，試用期一年並且只給他一半薪水。為了自己的理想，他答應了這一苛刻的要求。

Lesson 1　理財先理智─哈佛高材生的財務思維

　　幾年過後，普利茲用自己平日存下的積蓄買下了一間瀕臨倒閉的報館，開始創辦自己的報紙，取名為《聖路易郵電報》(*St. Louis Post Dispatch*)。雖然在報館創辦初期，資金周轉很困難，但那時美國商業迅速發展，很多企業為了競爭不惜投入巨資打廣告做宣傳。普利茲便以此為契機，讓報紙走以經濟資訊為主的路線，承接各種廣告。就這樣，他利用客戶預交的廣告費周轉了資金，使報館的營運步入正軌。報館創辦五年，每年為他賺至少 15 萬美元。他的報紙發行量穩步上升，生意也越做越大，最後他成了美國報業的大廠。有句話說：「用力氣賺錢的人是傻子，用錢賺錢才是真正的聰明人。」這話或許有些偏激，但細細想來也不無道理，美國報業大廠普利茲的經商策略就生動體現了這句話。

　　儲蓄是所有理財方式的基礎，雖然回報低但風險也低，不僅是普通家庭的財務安全保證，也是投資者邁向投資市場的萬里長征的第一步。人們在擁有穩定的經濟基礎之後，才有實力去尋找另外的「在金錢上做乘法」的投資方式。

　　再以普通上班族小楊為例，她在結婚後和丈夫勤儉持家，漸漸存了第一筆積蓄。但她沒有像多數人那樣「有錢存銀行」，而是把這筆錢買了國債。結果五年以後，這筆國債的本息正好翻了一番。然後她又把這筆錢投入股市，兩年以後，她所持的股票總市值已高達 200 萬元。回頭看看她當初的薪資，只有區區 18,000 元而已。假設她這 18,000 元一分不花都存下來，七年

以後也只有 150 萬左右的存款而已。由此可見,錢的作用不僅可以用來消費,也能「生」錢。

很多仍在觀望的人心想:「我現在手頭儲蓄下來的資金太少了,再存一些,等寬裕了再拿出來投資。」但是幾年以後,手頭的錢也並沒有存下多少,他們仍舊在存錢的圈中打轉。如果你也是「存錢大軍」中的一員,不妨問問自己:你真的只滿足於緩慢累積的理財方式嗎?為什麼不拿出錢來靈活運用,用它去創造更多的財富呢?

把一塊錢看作資本的人可以活一輩子,把一塊錢看作一塊錢的人活不了幾天。

老李有句名言:「30 歲以前要靠體力賺錢,30 歲以後要靠『錢』賺錢。」你不理財,財不理你。讓自己的財富擱置下來就等於停滯不前,只有想辦法使金錢運轉,才會有更多的財富源源不斷地流進口袋裡。

Lesson 1　理財先理智─哈佛高材生的財務思維

Lesson 2　擺脫「月光族」

—— 儲蓄，累積你的第一桶金

◎ Lesson 2　擺脫「月光族」─儲蓄，累積你的第一桶金

▍超棒的養鵝理財觀

　　隨著社會經濟的發展，人們的消費觀念也隨之發生改變。有不少年輕人認為儲蓄是最「老套」的理財方式，看不到明顯的利潤成長。其實這是從根本上搞錯了儲蓄的作用，把錢存進銀行，並不是為了得到利息回報，最重要的是在你有需要的時候，你的資金可以靈活調配。

　　儲蓄是理財投資的基礎，是幾乎每一個家庭都會選擇的理財方式，也是最安全的理財方式。可人們往往因為它的普通而忽視了這種最基礎的投資形式。

　　哈佛大學在經濟課上著重強調了儲蓄的重要性：「每月先儲蓄薪資的30%，剩下的才用來消費。」眾所周知，哈佛畢業生大多都很富有，他們的投資和消費行為或許各有不同，但都雷打不動地遵守同一條理念：收入的30%用作儲蓄不動搖，剩下的錢才談如何消費。

　　也許有人會說，把錢存進銀行也看不到收益，儲蓄的價值在哪裡呢？一、要搞清楚富有並不是指你賺了多少，而是看你每月能「剩下多少」，這剩下的才是你最終所擁有的。而你為儲蓄拿出來的錢是你一定能剩下的財富，不用擔心會不會被順手花掉。試想如果隨心所欲地做一個「月光族」，那最後又能得到多少財富呢？

　　二、當你手頭有了一定積蓄，你才能從容面對各種意外的發

生。比如現金被盜或要添置昂貴的大件商品等。儲蓄可以解你的燃眉之急，你就不需要硬著頭皮去向親朋好友借錢來度過難關了。

三、有了儲蓄做後盾，你才有考慮其他理財投資的機會。做任何投資都需要固定資金鋪路，如果你沒有省下一筆錢，那麼無論多好的投資擺在你面前，也只能空想罷了。

四、在亞洲，個人的養老、醫療還有養育子女都是非常大的支出，如果沒有多年的儲蓄累積，一旦發生什麼變故，對人們來說都將是十分沉重的負擔。

可見，儲蓄的作用是相當重要的。對此，理財大師葛拉漢(Benjamin Graham) 生動地用「鵝」的故事做了一番闡述：

有一天，一個窮農夫在鵝窩裡發現一顆金蛋。他感到很驚奇，就把金蛋帶去給工匠鑑定。工匠告訴農夫：「這是百分之百純金的。」於是農夫賣了這顆金蛋，換了一大筆錢回家去了。第二天，農夫起了個大早奔去鵝窩，果然又在鵝窩裡發現一顆金蛋。從那天起，農夫每天都得到一顆金蛋，他靠賣金蛋而變得很富有。

但農夫是個貪得無厭的人，他不明白為什麼這隻鵝每天只下一顆金蛋，他也想知道這隻鵝到底是怎麼下金蛋的。如果他掌握了其中的奧祕，那就可以大量生產金蛋了。這個想法把他的心搔得癢癢的，終於他忍不住跑到穀倉裡殺掉了鵝。但是等他剖開鵝的肚子之後，卻只看到一顆半成形的蛋。

這個故事告訴我們：千萬不要宰殺你的鵝。

Lesson 2　擺脫「月光族」―儲蓄，累積你的第一桶金

葛拉漢說，鵝代表資本，金蛋代表利息，沒有資本就沒有利息。做好儲蓄這項基礎投資就像是在養「鵝」，只有養好了「鵝」，才有可能下「金蛋」。如果像這個農夫一樣為了提高收益而拋棄「儲蓄」，那麼在你需要錢的時候又要到哪裡去找呢？

儲蓄之道就如同聚沙成塔，它是一個積少成多的過程。如果能正確看待儲蓄，它確實能夠讓人感到快樂，同時也是一件對自己、對生活都很有意義的事。

在很多人眼裡，儲蓄很簡單，只要到銀行去填單、刷簿子，就算完成了。但最重要的是你要對儲蓄有一個規劃，如果無計畫地儲蓄，很有可能「這個月有錢多存點、下個月沒錢就不存了」，慢慢地儲蓄也就被擱置下來了。所以要像哈佛畢業生那樣制定一個計畫，每月強迫自己完成，讓儲蓄形成習慣，這樣才能真正看到效果。

首先要考慮的是自己有多少資金、有多少會用到生活開銷上、購買力有多大，結合這些實際情況分配自己的儲蓄金比例。每月收入可以如以下分配：

一、生活消費，包括房租、水電費、伙食費、交通費、學費等。

二、儲蓄固定比例的收入，不要對自己討價還價。

三、多利用打折購物，培養自己每月做預算的能力。省下來的除了補貼花銷，日積月累也會存下不少錢。

四、資金若還有剩餘，就可以考慮其他合適自己的投資理

財項目，方式多多，貴在堅持。

總之，儲蓄是一種最安全最保守的理財方式，它雖然不會讓人們一夜暴富，但積少成多、水滴石穿，運用好儲蓄能省下不少錢。有句話說「創業容易守業難」，在理財方面也是一個道理。聰明人不僅會賺錢，更要學會花錢、管錢。不然即使有金山銀山，也終有揮霍一空的那一天。學會管錢的第一步非常簡單，就是從儲蓄開始。

存錢訣竅，薪資多少都能存到錢

有句古話：貴在堅持。這句話用在儲蓄上再合適不過，因為儲蓄是理財投資的起點，只有扎實地邁好第一步，後面的計畫才有順利進行的保障。儲蓄與其他投資不同的是，它是一個量變的過程，需要日積月累方能看到成效。

有人用螞蟻來比喻儲蓄：在食物富足的秋季或者夏季，螞蟻們就已經開始儲存冬天用的食物了，所以當寒冷的冬天來臨、地面上寸草不生時，牠們一樣能確保自己平安地度過食物匱乏的漫長時期。

螞蟻尚且知道為自己儲蓄，而有很多人卻未必曉得儲蓄的真正意義。儲蓄是用如今我們剩餘下來的點滴，去幫未來累積資本。如今強制自己存錢，不過都是為了將來的生活能更輕鬆更寬裕。

Lesson 2　擺脫「月光族」─儲蓄，累積你的第一桶金

雖然有人會說自己明白儲蓄是為將來累積幸福，但做到持之以恆實在是不容易。現實中不乏這樣的人：因為突然決定要添置家具，把預算都用光了，沒錢儲蓄；現今利息太低了，所以不將儲蓄放在心上，想起來才去存一次錢……

因為沒有養成儲蓄的習慣，所以起初只是忽視儲蓄，到最後就不自覺地中斷了。結果往往是，急需用錢時囊中羞澀，想投資時手頭沒錢，生病住院時到處借錢。生活中突發事件太多，所以需要有一筆錢去應付這些。很多人認為自己錢不多，每月那點固定薪資能應付日常開支就很好了，哪裡能剩下多少錢呢？於是他們會想，這些小錢就算放進銀行也沒有多大意義吧。其實，也就是因為手上的錢有限，普通人才更加迫切需要儲蓄。有人說儲蓄是有錢人的事，可他們大概沒有注意到，有錢人在遇到困難時無須太過擔心資金周轉的問題。與他們不同，普通人一般都是薪水固定，沒有什麼額外收入，所以若有需要用錢的突發情況，一份儲蓄就能幫助度過難關，可以說是雪中送炭！

由此可見，儲蓄是每個人都必須要做的事，要從當下，哪怕是從一塊錢做起，以備不時之需。但儲蓄是個長期投資，如果抱著「三天打魚，兩天晒網」的心態，不能做到「持之以恆」，堅持累積自己的財富，那儲蓄也就變得毫無意義了。

我們一直在提的哈佛教導學生「每月必須存薪資的 30% 作為硬性儲蓄指標」，正是充分說明了儲蓄的比例分配與持續性。或許每月讓你拿出一部分錢存起來，日子會過得不太輕鬆，但

只要堅持從點滴做起，終有一天，儲蓄會回報你以驚喜。

小張和妻子同在一個公司上班，因為公司收益不太好，所以每人每月也就 20,000 多元的薪資。再除去用在孩子身上的錢和日常開支，也就所剩無幾了。但日子過得再緊，小張夫婦也堅持每月擠出 5,000 元用於定期儲蓄。

小張夫婦不會投資，自然也無法接受高風險投資帶來的刺激，於是他們就選擇了低風險低報酬的儲蓄做理財方式。每月月底，公司都會準時把薪資匯他們的帳戶。但因為基本薪資不多，活期利息也低，小張就把錢提出來，將其轉存為一年定期存款，這樣就可以得到較高利息了。

後來小張又選擇了按月存款，這樣每個月都可以獲得利潤且分擔了風險。雖然利潤不高，但小張堅信積少成多，總有一天能看到成果。夫妻倆就這樣堅持了很多年，現在已經買了一所不大不小的房子，孩子也長大了，日子變得更好了。雖然他們在買房初期也找別人借過錢，但很快就還完了。

儲蓄是一個不斷累積的過程，作為普通的上班族，我們可以學習小張夫婦這種儲蓄觀念。有人認為儲蓄是枯燥的投資，對這個提不起精神來，但只要從現在的每一分錢開始儲存，幾百變成幾千，幾千又變成幾萬，最終目標總會因為你的堅持而實現的。

其實我們可以把它看作是一個遊戲，培養自己跟銀行、跟生活做遊戲的意識。

Lesson 2　擺脫「月光族」—儲蓄，累積你的第一桶金

一、拿到薪資先存錢

首先要合理分配家庭的必需支出，可以辦理每月把固定數額的薪資存入銀行帳戶的業務，當作自己只拿到扣除後的錢。如果日常開銷不夠，就想辦法摒棄不必要的消費——「手頭不輕鬆我照樣過得很好！」

二、為自己設定一個夢想

「我在幾年以後要買什麼？」可以確定一個長遠目標，然後把這個目標寫下來，貼在床頭或門上等醒目的位置，時常提醒你看到儲蓄終點的美好未來，激勵你堅持儲蓄——「用每月最少的錢買未來最大的東西！」

三、放棄對存款的掛念

可以把提款卡或者存摺交給親人保管，斷掉隨時想去領錢的念頭，不要太在意你手中還有存款並情不自禁去打它的主意——「切斷後路，堅持就是勝利！」

錢是存出來的。再大的財富都是由小財富點滴累積而成，「水滴石穿」就是儲蓄最好的詮釋。它就像一滴水，需要你堅持不懈地增加它的力量，才能在日後看到成果。如果你想看到改變，就不能抱著隨隨便便的心態應付儲蓄，它需要你付出實際行動，更需要你持之以恆。

儲蓄理財，不同人要有不同的方法

哈佛商學院曾教導學生：利潤不等於現金。

現金等於利潤，但利潤不完全等於現金，這句話放在利息上是個很有趣的體現。前些年，有些國家走進「負利率」時代，人們紛紛抱怨利息太少，就差倒付錢給銀行了，於是紛紛把錢轉投其他投資項目。但當他們發現自己並不能承擔投資所帶來的風險時，就又把錢拿回銀行吃起利息來。

從儲蓄方面說，利息只是它給你的利潤回報的一個附加價值，儲蓄最大的利潤是幫助你管理好自己的財務，合理使用資金，給你未來的生活一個堅強後盾。很多人都在搜尋適合自己的理財方式，但對於承擔風險能力弱又相當保守的人來說，儲蓄是他們累積財富最穩妥的辦法。

有人不甘心用辛苦存下的錢賺取屈指可數的利息小錢，但他們不知道，看似簡單的儲蓄其實也有很多學問，如果儲蓄的方法運用得當，利息也是可以帶來可觀利潤的。

小岳是普通上班族，過得比較節儉，薪資扣掉日常開支，每月的閒錢能保持在 2,000 元上下。與「用錢生錢」的人不同，小岳選擇了保守的儲蓄方式，一年下來卻發現薪資戶頭上只有 100 多元利息。

後來小岳改變了存錢策略，在每月發薪資後，她將固定結餘整存整取一年期，這樣一年後她就有十二張定存單，每月

Lesson 2　擺脫「月光族」─儲蓄，累積你的第一桶金

都能有一張單到期。如果需要用錢，可以選一張單取出裡面的錢。不需要的話就把「到期存款」加上當月結餘一起再存起來。

比如小岳的每月結餘是 2,000 元，若放在活期存款，一年後只有 24,126 元。但如果採用循環儲蓄方式存錢，一年後就會變成 24,540 元，足足比原來的利息高了三倍。

像小岳這種「十二單」的儲蓄方法，是最適合上班族和「月光族」的。但它只是儲蓄組合中的一個，我們可以看看還有哪些辦法能讓不同人「多賺銀行的錢」。

階梯儲蓄法 ── 適合累積教育基金

這是一種與「十二單」類似的存款方法，尤其適合能拿年終獎金（或其他單項大筆收入）的人。

假如你手頭有 5 萬元，把這 5 萬元平均分成五份，各按一、二、三、四、五年定期存入。一年以後，把到期的一年定期存單續存，並改為五年定期。第二年就把到期的兩年定期存單續存並改為五年定期，下面依此類推。五年以後，你的五張存單就都變成五年期的定期存單，並且每年都會有一張存單到期。這種儲蓄方式可以讓你享受五年定期的高利息，非常適用於大筆現金的儲蓄。如果能把「階梯儲蓄法」與「十二單」相結合，那就非常完美了。

驢打滾儲蓄法 ── 適合累積養老金

這是將「存本取息」和「零存整取」結合起來的儲蓄方法。

仍以你現有 5 萬元為例，先把它存成「存本取息」，設為「A折」。一個月後取出得到的第一個月利息，再用這筆利息開個「零存整取」儲蓄戶頭，設為「B折」。以後每月從「A折」取出利息存到「B折」，這樣不僅得到了「存本取息」的利息，而且又讓這筆利息透過「零存整取」利滾利，使一筆錢能取得兩份利息，只要長期堅持，也能得到可觀回報。

交替儲蓄法──適合閒錢較多，又可能急需用錢的人

如果你有 5 萬元，把它分成不同份額的四份，比如分別存成 5,000 元、1 萬元、15,000 元和 2 萬元，你就一共有四張存單。然後在一年之內，不管你什麼時候需要用錢，都可以取出和所需數額接近的那張存單。這樣既避免了動用大存單，也能最大限度得到利息收入，減少利息損失。

分份儲蓄法──適合一年內用錢金額和時間都不確定的人

假設，把 5 萬元分成兩份，每份 25,000 元，分別辦成半年和一年的定期存款。半年後，將到期的半年期存款改存成一年期，並將這兩張一年期的存單都設定成自動轉存。這樣交替儲蓄，兩張存單的循環週期為半年。如果半年後有急用，你可以取出任意一張存單使用，而你的存款也不會全部都按活期儲蓄存款計算利息。

以上方法只是最基本的幾種，如果願意深入了解儲蓄，或許自己也能思索出更好的點子。

Lesson 2　擺脫「月光族」—儲蓄，累積你的第一桶金

　　總之，儲蓄是最基礎的投資理財方式，千萬不要小看利息。如果能聰明地使用一些技巧存錢，利息也能如滾雪球般成為一筆可觀的財富。但最重要的是，我們就此真正累積下了寶貴的資產。

你會存錢嗎？
五種存款技巧讓你「榨乾」銀行利息

　　哈佛商學院的老師曾在課堂上和學生討論過幸福感。一個人的幸福感可能來自很多方面，比如享受高品質的身體護理、穿名牌服裝、開跑車、使用高級化妝品……「那麼存錢的意義對你來說或許真的不大，因為花錢為你帶來了滿足感，而存錢會約束住你，降低你的幸福感。」

　　在生活中，大多數人的願望是買一幢自己的房子，不用為將來的醫藥費、養老金發愁，想供自己的孩子上大學，年老以後可以出門旅行。那麼對這樣的普通人來說，存錢是你實現這些宏偉目標所要邁出的第一步。儘管在這條路上你的消費能力或許被動降低，但隨著夢想的終點越來越近，你的幸福感也會越來越強烈。

　　存錢是我們通向美好未來的起點，但存錢並不是把錢放在銀行裡慢慢累積那麼簡單。在我們決定開始存錢時，除了挑選回報最高的儲蓄方案付諸行動，最重要的還是要「量體裁衣」，

找到適合自己的儲蓄方法，讓錢在銀行裡利益最大化。

李妍妍喜歡把到期時間很接近的幾張定期儲蓄存單累積到一起，等全部到期後再拿到銀行轉存，這樣她就能得到一張數額比較大的定期存單。用她的話來說，「化零為整，打理起來非常方便」。

但哈佛理財顧問認為，雖然很多人都很喜歡這種方式，可有時需要提前支取時，就會對儲戶的利益造成損失。像李妍妍這樣對錢沒有特別用途的人，比較適合將大筆定期存款分開存成幾筆，如果遇到急用的情況，就可以盡量減少利息上的損失。

那麼在日常生活中，究竟什麼樣的儲蓄方式才是適合自己的呢？

除了要選擇適合自己的儲蓄方案，不被銀行令人眼花撩亂的各項業務所迷惑，還要注意根據自己的需要選擇儲存期限。雖然這兩點很簡單，但往往就因為它們的簡單而被很多人忽略掉。儲戶要學會分析儲蓄方案的利弊，然後對存款做出合理的時間安排，不要因為想多產生利息就選不適合自己的存款期限。

除此以外，還有一些需要特別注意的事項，如果運用好這些技巧，也可以讓儲蓄發揮超常的「生錢」作用。

一、巧排定期存款金額

有不少人圖保管方便，喜歡在定期儲蓄時存成一張大存單。看似可以收穫高利息，可一旦有急用，就是再小的金額也

○ Lesson 2　擺脫「月光族」─儲蓄，累積你的第一桶金

得破開這張大存單，這樣反而損失了利息。所以，在儲蓄時要排開金額，以 1 萬元為例，可以呈金字塔狀發散，分成 1,000 元、2,000 元、3,000 元、4,000 元各自儲存。這樣就算會因為突發事件提前支取，利息的損失也會降到最低。

二、約定自動續（轉）存

如果儲戶在定期存款到期後，不去銀行進行儲蓄轉存，那麼存款的超期部分將會被按活期利率計算利息，這樣的話，利息收入勢必會遭受損失。如果存款金額很大，那利息損失就會更大。因此，在選擇定期儲蓄時要注意與銀行約定自動續（轉）存，這樣在轉存時，銀行會把原來存款的本利都轉成定期儲蓄，避免造成不必要的損失。

三、七天通知存款利率高

「七天通知存款」是介於活期存款和定期存款之間的業務。儲戶在儲蓄時不用約定存期，只需在支取時提前七天通知銀行要提出存款的日期和金額即可。個人起存點和最低支取額均為 5 萬元，需一次存入，可以分批支取，利隨本清。看起來有一點麻煩，但利率比較高，還是很划算的。

四、急需錢時用「部提」

生活中難免遇到急需用錢的情況，如果這時存單又沒到期怎麼辦？現在很多銀行推出了定期儲蓄存款部分提前支取業務，

選擇這個方法,儲戶就不用為解燃眉之急提前支取全部定期存款,進而使利息受到損失了。

五、靈活使用信用卡

日常開支、購物、手機儲值、分期付款等都可以用信用卡來解決。算好帳單日,在最後還款日前還清欠款,這樣既花銀行的錢也不用付利息,自己的存款還可以放在銀行裡「生錢」,也是個不錯的選擇。但有一點要注意,要理智刷卡,不要往卡裡存錢或者多還款,因為你如果取回來還要收取手續費。

巴菲特認為:「『先存再花』改變命運。」如今儲蓄成為普通人最穩妥的理財方式,那麼在所有人都在做同一件事的時候,你要怎樣做才能得到與眾不同的回報呢?

除了在存錢上運用一些小竅門,平時還要多留意銀行的政策變化,比如又推出了什麼新的儲蓄方案,又增加了什麼新的儲蓄組合方式。

你重視儲蓄,儲蓄自然會給你豐厚的回報,長期累積的財富同樣不容小覷。這其中的方法固然多種多樣,但如果可以將各個方式「強強聯合」,一定能讓你的存款發揮出最大的能量。

Lesson 2　擺脫「月光族」—儲蓄，累積你的第一桶金

【紅色預警】
你真的「會」花錢嗎？

哈佛商學院在學習初期都會灌輸學生這樣的概念：「一個人會不會花錢，和他掌握多少金錢沒有關係。不能小看每一分錢，要學會管好自己的錢，讓每一分錢都能發揮它的最大價值。」

理性消費也是理財的一種形式，理財不僅要學會管好手中的金錢，也要學會如何花錢。只有學會合理使用金錢、控制住資金的流向，才能打好理財的基礎。所以，理性消費也就是理財的基礎。

在生活中，我們經常能聽到類似這樣的抱怨：「不知不覺就把錢花完了」、「錢總是不夠花，但也不太清楚具體花在哪裡了」……曾經有人做過一個試驗：給甲和乙每人 200 塊錢，不同的是甲的錢是一張整鈔加上零錢，乙的錢是兩張整鈔，然後讓他們分別去超市消費。結果甲只花了 70 元，而乙卻花了 100 多元。

造成這種現象的原因是什麼呢？在人們手裡只有一張整鈔時，往往會先花零錢，而不太願意破開這張整鈔。在這個意念的約束下，人們在面對琳瑯滿目的商品時則會先考慮：「買這個還得把錢破開？算了，下次再說吧！」如果不是必需品，那就說明暫時還沒有買的必要，這樣就避免了不必要的消費。而在手

握兩張整鈔時,會抱著反正總要破開一張的心態來購物,也就解除這種心理上的約束了。

什麼是不理性消費?人們通常在無意識的狀態下就實踐了這個概念,比如從超市裡出來,總會發現袋子裡多了一些購買計畫之外的東西;因為對金錢流出沒有具體感覺,所以刷卡消費時不知不覺就使信用卡透支;面對商家的打折促銷,貪便宜買回很多非必需品;還有的人去挑戰超過自己購買力的高階商品⋯⋯這些都是人們生活裡計畫外的開支。

有人說自己在節省這些計畫外消費時就做得非常好,有位年薪達到75萬元的網友在網路上對自己的省錢方式津津樂道:「現在有雙球鞋還是大學時買的,穿了快六年了」、「早餐一般都是十元的雜糧餅乾,只有請客戶才去餐廳,吃飯還能賺錢。」

與那些衝動購物的人相比,這位網友確實很理性。但俗話說得好:「花錢要花在刀刃上。」這並不是說讓你降低自己的生活水準,而是說要合理地消費,把錢花在值得的地方,節省本可以不必浪費的金錢,而不是做一個葛朗台(Eugénie Grandet)。

小寧剛剛上幼稚園,有天下午他的爸爸接他接晚了,小寧覺得很委屈,對爸爸說:「別的小朋友都走了。」爸爸從包包裡拿出剛買的玩具火車,但小寧不太滿意,說:「爸爸,這個火車好小。」爸爸說:「是小了一點,但大的貴,小的便宜一點啊。」小寧想了想高興地說:「那我們就買便宜的吧。」

經過菜市場時,媽媽準備買些熟食回去。小寧問媽媽:「媽

Lesson 2　擺脫「月光族」—儲蓄，累積你的第一桶金

媽，這個便宜嗎？」媽媽回答：「不便宜，但是價格挺公道。」小寧高興地說：「那我們就買公道的，貴的不買。」

理性消費既不難做到，也不用小氣。像小寧一家這樣，只買合適的、必需的，不求最貴但求合適就可以了。那麼透過什麼方法可以避免錢在無意識的時候隨手花掉呢？有許多簡單的小辦法都可以幫你省錢。

一、去超市時列個購物清單，把哪些是必須買的詳細寫下來，照著清單消費，不要對單子以外的商品輕易動心。

二、盡量不要使用信用卡，因為刷卡消費會造成沒有花錢的錯覺，但實際上你的確已經完成消費了。非大額交易時使用現金，金錢的流通會給予人直觀的感受，以提醒你花了多少錢。

三、出門只帶少量現金，盡量別帶很多。帶一張 1,000 元，能不找開就不找開。再帶一張 100 元，盡量只花這點零錢。

四、不在飢餓、憤怒時逛街，因為處於情緒波動中的人很容易衝動消費，千萬不要犯這種代價昂貴的錯。

五、若是遇到實在喜歡的東西，而它又不太便宜，就先在紙上寫下來，放上三五天後再回頭看：你現在是否還需要它？

理性消費，就是要學會保持自己的理性，判斷哪些東西才是自己真正需要的，拒絕不必要開支，透過日積月累也會擁有自己的一筆小財富。但最重要的，是能夠培養自己珍惜金錢、合理安排金錢的好習慣。

Lesson 3　精明買房術

—— 房地產，高瞻遠矚不吃虧

Lesson 3　精明買房術—房地產，高瞻遠矚不吃虧

如何選購能升值的房子

一部電影裡的經典對白——女主角說：「沒有愛情的婚姻是不幸福的。」男主角回答：「沒有房子的婚姻才是不幸福的。」可見房產在大眾心中的重要程度。但是提到買房，卻又是幾家歡喜幾家愁。在全球房價日益高漲的今天，普通上班族想在短時間內購買一間屬於自己的房子，還是很困難的。

但不是房價高就不能買，相反，我們正可以利用房地產投資報酬率高的時機，進行房產投資。

曾經有一對英國的傳奇夫婦。他們從1990年起開始投資房地產，並一直堅持不懈。在他們房產最多的時候，共擁有九百多間房子，市值最高達到1.8億英鎊。

現年61歲的弗格斯・威爾森和老伴朱蒂原本都是中學數學教師，每月薪水微薄。1975年，他們用省吃儉用所存下的積蓄購買了一間有三間套房的房子，價值8,200英鎊，這是他們的第一處房產。幸運的是，他們買房選對了地點。二十年後，這個地方因緊鄰英法海底隧道的阿什福德站，成為英國最熱門的房地產市場。當時英國房價飛漲，威爾森夫婦便產生了投資房產的念頭。

他們先把第一處房產租出去，用租金來付第二處房產的貸款，由此邁出他們進入房地產市場的第一步。1990年初，夫婦倆正式辭去教師工作，全心投資房地產。他們繼續採用「以租養

房」的投資方式，並始終堅持一個原則，就是不在自己不熟悉或太遠的地區投資。

雖然早已躋身億萬富豪行列，可是威爾森夫婦至今仍開中古車，生活非常簡樸，只有與房地產經紀人會面時才會穿著體面的服裝。

哈佛大學的商學教授認為：「增值是投資房地產最後的理由。」在威爾森夫婦手中，房產得到了增值最大化。對他們來說，投資房產是一項事業，而不是致富的手段。所以投資房產還要看它對投資者有沒有「內在價值」，看你是想要賣房變現，還是想要一個穩定的居所。

小周在大學畢業後就打算買房子，但這時的她才剛剛開始工作，手頭沒有太多積蓄。後來她看中某社區的小戶型房，共48平方公尺，該房當時的售價是 2,500,000 元。可小周根本不可能立刻拿出這筆錢，於是她向銀行申請了房貸。

在交了頭期款及相關手續費近 10 萬元後，她擁有了這套房產。當年 5 月，她就拿到了鑰匙。但她並沒著急入住，而是又花了 10 萬多元進行簡易裝修，再將其租賃給一家仲介公司，每月能收到 6,000 元租金。當時她每月實際要還的房貸是 7,640 元，因此，她只要再補貼 1,640 元就可以輕鬆養房了。

現在她有了自己的「小家」，雖然不大，她仍然很滿意，而她的同學很多還在為房貸或者房租而奔波。

Lesson 3　精明買房術─房地產,高瞻遠矚不吃虧

小周的經歷告訴我們,房產投資沒有人們想像得那樣深奧,也沒有能不能投資一說,關鍵還要看你想不想投、會不會投、怎樣投。普通上班族固然沒有做房地產生意的實力,那麼可以先從物色自己最滿意的居所開始,在選擇時通常可以注意以下幾點:

一、選擇房型時別盲目貪大

雖然很多人都喜歡寬敞,但一定要根據自己的實際需要選擇合適的房型,否則過大或過小都有可能為生活帶來不便。例如,不打算生孩子的可以選擇小房型,和父母同住的可以考慮大一些的房型。

二、不必一味追求高樓層

高樓層採光好,視野開闊,卻有因風大而不能隨意開窗、上下樓消耗時間過長等缺點,所以還是要結合自己的實際情況謹慎選擇。

三、實用性比美觀更重要

很多女性喜歡在家裡裝一扇大落地窗,近年也有不少樣品屋設計了這樣的戶型。雖然大窗美觀、採光好,但保溫效能卻很差。因為這個原因,就要求冷氣或暖氣都必須加大功率才能確保日常需求,這也是一筆不小的額外開支,所以可以多多考慮更實用的戶型。

四、手頭不富裕就選中古屋

擁有一套新屋自然是「很有面子」的事,但如果自己的經濟條件不允許還執意投資,那就得不償失了。其實中古屋除了選擇餘地大,還可以立即入住,價格也較為便宜,是經濟實用的不錯選擇。

總之,投資房產的過程中雖然有許多學問,但究其關鍵還是要看是否適合自己,是否能使生活錦上添花。買房對大多數人來說不是小事,一定要量力而行,不要勉強自己而最終成為「房奴」。

影響房價的這幾大因素,你一定要知道

影響房地產價格的因素有很多,國家的政策、城市發展的程度、建築的地段、城市人口密集度及購買力、增值的可能性、「炒房」人數、建築材料等級等,都會對價格產生影響。

面對起伏的房價,普通人的經濟實力畢竟有限,更應該「量力而為」,結合自身條件及房產價值來決定最合適的投資方式。做到這些並不難,仔細分析下來,無非要注意以下幾點要領:

一、地段不同,價格懸殊

老李說:「買房子注意三點,第一是地段,第二是地段,第三還是地段。」在一定時期內,房屋建造成本不會產生太大波

動,而土地的價格卻可以因區域發展、商業繁榮等客觀因素不斷攀升。比如,商業圈的店面雖然面積小,月租金卻也能過萬;郊區的房屋雖大,但因為遠離市區,交通多有不便,價格就便宜很多。

在好的地段投資房產,價格可能相對較高,但它的升值潛力非常大,所以也必然能得到可觀回報。

二、戶型好壞決定房產是否暢銷

亞洲人最理想的戶型是坐北朝南,但隨著近年高層住宅的興建,這條標準也越來越難以實現,好戶型就顯得愈加珍貴了,所以好戶型的價格往往較普通戶型高出幾倍。再比如,高階的別墅住宅區因其設計完美,配套設施完善,所以房價也比普通公寓高許多。

在同一個房地產的銷售中,我們還可以看到建商拋售一些「餘屋」,這些「餘屋」就是因為戶型、樓層等比較差而滯銷的。所以如果只是做房產投資的話,可以考慮以低於市價的價格將「餘屋」買入,再等待時機將其以正常市價出售,從中賺取差價。

三、管理室品質的高低影響到生活品質

人們都希望能住進設施完善的社區,比如,社區中的房屋裝修、綠化、保全、清潔等,這些都能成為判斷一個社區好壞的標準。

好的社區房屋裝修精良、綠化帶比重合理、安保工作到位、清潔程度高、儲藏室和車位安排充足……周到的服務需要相應的回報,所以像這樣條件精良的社區,房價必然也會高漲。

一些老社區的設施不完善,比如房屋老舊、社區衛生不合格、車位短缺,有的甚至沒有配備保全。這種社區內的房產價格都較低,因為配套設施不到位,可能還有「壓價」空間,所以是低收入者的較好選擇。

四、周邊設施是否完善也影響房產價格

如今,不少名校周邊的房價漲幅驚人,即使做日租套房生意也能得到非常可觀的利潤。房產的商業價值提高了,即使大樓屋齡較長,也照樣能售出高價。

房產周邊是否有良好的教育設施,是否鄰近醫院、銀行、菜市場甚至商場等設施,都決定房價的高低。以生活的便捷程度衡量,一個生活設施配備齊全的成熟區域,其房價必然也是較高的。

五、城市基礎設施對房價也有影響

有些房產鄰近城市主幹道或高架橋等城市基礎設施,這時房價的判定就比較靈活。例如交通方便的房產必然價格較高;而有些設施會對人們的正常生活造成干擾,價格相應會有下降空間。還有一些老區域的房產緊鄰鐵路,由此可能產生的噪音問題也影響到購房者的購買意向,所以價格也同樣有下降空間。

房價漲跌是各種力量使然:政府調控、經濟規律、地域差

異、生活便利程度等,這些都有可能成為制約房價的因素。

在樓市局面尚不明朗的今天,作為普通上班族更應擺正心態,從容應對變幻莫測的市場。遇到合適的房子並且自己的條件允許,就適時出手,一時遇不到也不要因心急而去購置超出自己經濟承受範圍的房子,以免打亂自己的正常生活。

「麵包」和「房子」總會有的,雖然擁有房子是很多人的目標,但選擇最適合自己的房產,在購買過程中盡量減少經濟負擔,讓自己生活得更美好,才是人生的上上策。

哈佛教授告訴你:
哪五類城市的房子最值得買

古有「良禽擇木而棲」之語。優秀的鳥兒尚且選擇合適的樹為巢,更何況「行有所想,居有所思」的人呢?隨著社會經濟不斷發展,人們生活水準日益提高,人們對房產的要求也從單一的環境選擇向多元的比較選擇轉換,如房價、戶型、配套設施、自然環境、城市建設、發展潛力等。

那麼,還有哪些影響城市房地產投資的因素呢?

一、物流業發達與否

從古到今,發達的物流業必然會帶給城市巨大利潤,例如河流沿岸、鐵路樞紐周邊的城市,通常經濟繁榮。

以香港為例,香港擁有優質港口設施、高速鐵路、高速公路和國際機場,這些成為帶動當地經濟發展的重要因素。交通發達帶來商業繁榮,因此也會吸引外資和外來人口不斷湧入,來此尋找商機。

由於城市開發的新增土地量有限,物流對貨物儲存的需求又不斷增加,出現土地緊缺進而導致新增廠房供給不足的現象,直接致使優質廠房租金攀升。在物流業發達的城市投資,除了住房買賣,還可以將重心放在投資商舖、倉庫上。有當地經濟基礎做後盾,投資者可放心從中賺取租金。

二、城市產業園區是否繁榮

產業園區一般鄰近市區,產業資源豐富,是拉動城市經濟發展的重要區域,勢必會加速周邊地區的城市化腳步。辦公室、酒店、公寓、文化中心、購物中心等配套地產計畫也會被迅速提上日程。

所以,在有產業園區發展苗頭的城市搶占先機,等待商業發展後賺取差價,用最少的錢買最昂貴的地也是投資好方法。

三、城市的旅遊資源是否豐富

隨著經濟飛速發展,旅遊已成為人們休閒娛樂的重要方式,是城市中新的經濟成長點。人們開始考慮如何讓自己的旅行「更輕鬆更健康」。基於這一賣點,把旅遊、休閒、房地產連繫在一起的投資,一定會有廣闊的市場前景。

Lesson 3　精明買房術—房地產，高瞻遠矚不吃虧

四、城市尚未發展成熟的地產業

一線城市因其繁榮的經濟和重要的地位，早已吸引了眾多投資商，房產已經到了一個比較高的價位，在一線城市投資所需要的資金量是比較大的。

而偏遠城市，由於經濟還未全面發展，樓市的開發也處於起步階段，較之一線城市，價格更為低廉，適合小投資者以較低的資本投資房產。留待未來城市經濟揚頭時再看，升值空間必然可觀。

五、一線城市的繁榮發達

一線城市的投資價值異常大，關鍵還要看投資者有沒有相應的投資實力跟進。一線城市經濟發達，商業繁榮，各項硬體軟體設施都非常成熟。城市地位決定投資價值的持續性。如果有能力在一線城市投資，未來的回報必定是以上幾項中最為驚人的。

哈佛大學教授曾在經濟學課上教導學生：「優秀的投資者應該是善於發現潛在的投資價值，然後果斷出手。」也就是說，市場的大門會面向所有人打開，投資機會是均等的，能否得到利潤回報，還要看投資者是否擁有一雙挖掘潛在價值的慧眼。

怎樣的城市才更有競爭力、更有投資價值，影響其發展的原因不同，答案也不唯一。

巴菲特曾如此教人們「炒股」：「我們不能盲目跟風，要合理

投資！」這一點在房產投資中同樣適用。投資不能隨波逐流，認為哪個項目投資的人多就必然是好的。投資者要學會從令人眼花撩亂的投資項目中，找到其價值回報最適合自己的。

三考察、四不買、六大砍價妙招，輕鬆搞定中古屋

中古屋因價格彈性大、即買即住等顯著優點，吸引了越來越多的人的目光。

張欣悅曾看中一套 45 平方公尺的中古單身公寓，當時她與賣方談成的價格為 510 萬，再加各種交易費用約 15 萬，總共花費 525 萬即可入住。張欣悅原本考慮：「如果我首付 100 萬，貸款三十年，每月月付 16,000 元。靠房屋出租能收到 22,000 元的租金，可以用租金抵房貸。」

雖然算盤打得響，但張欣悅猶豫了很久最終還是沒有購買。可令她沒想到的是，在這之後的半年內，該區房地產一路飄紅，待那時她再去看房，那間房早已售出了。

「如今同樣的戶型，最便宜的也要 600 萬！」想到這裡，張欣悅後悔不已，她想如果那時買下那套房產，幾個月後立刻轉手也能獲利至少 60 萬元。

像張欣悅錯失的這種營利機會，幾乎每時每刻都存在，關

Lesson 3 精明買房術─房地產，高瞻遠矚不吃虧

鍵還要看你能否將其把握住。在機會來臨的同時，中古屋市場也是魚龍混雜，那麼如何才能淘到有投資價值的中古屋呢？

首先，中古屋交易要堅持三個原則：

一、弄清房屋的產權歸屬

在交易之前，首先要做的是和賣方確定房屋的產權歸屬。如果該房產有產權糾紛，即使十分心儀也不要購買，以免為日後的產權確認帶來麻煩。另外，要特別注意權狀上寫明的屋主和賣屋者是否為同一人，最好去相關部門進行查證，避免被「二房東（可能只是該房的租借者）」矇騙，造成巨大的財產損失。

二、仔細觀察房屋內部結構和品質

仔細觀察房屋的戶型是否合理。有的老式房屋因為設計不合理，即使現在買到手，未來出租或轉賣也比較困難。另外還要留意房屋是否有牆壁龜裂、天花板滲水等品質問題，這些因素對房屋價格也有很大影響。

除此以外，有的中古屋在出售前會進行簡易裝修，以遮擋諸如牆壁返潮發霉等缺陷，所以在達成交易前一定要仔細觀察，將這些問題解決，否則將來再因此與物業管理公司交涉就會非常麻煩。

三、考察房屋周邊配套設施是否完善

投資中古屋不管是為了出租還是自用，都必須考慮這所房

產所在地區的綠化、清潔等生活配套細節。有的地區或許硬體條件稍差，但周邊生活設施如醫院、學校、銀行、商舖、交通設施、公園等配備齊全，這樣的中古屋也具有一定的投資價值。

除此之外，還要重點確認房內自來水的品質與水壓、供電容量、天然氣管道等。只有配套設施完善，房屋才會有更大的升值空間。

確立了挑選中古屋的標準，接下來還要特別注意，市場上有些中古屋是不能購買的。

一、軍隊、醫院、學校等附屬的宿舍

這樣的房地產通常沒有權狀，日後交易會為投資者帶來很多煩惱。

二、已列入拆遷公告範圍內的拆遷房

這樣的房產短時間內無法完成過戶，房產在法律上依舊屬於賣方。由於交易時間過長，會發生許多不可預見的事，容易引發糾紛。

三、產權有爭議和未領權狀的房產

未領權狀意味著無房屋產權，也就不能保障購買者的利益。另外即使持有權狀，「產權有爭議」也勢必會為以後買賣雙方發生糾紛埋下導火線。

Lesson 3　精明買房術—房地產，高瞻遠矚不吃虧

四、被法院查封或凍結的房產

購買中古屋時一定要注意該房產有沒有牽涉到法律問題，否則將來一旦被捲進官司裡，更是得不償失。

選好合適的房產後就要進入交易階段了，但是要怎樣做才能用最少的錢買到最好的房產呢？哈佛教授教你如何和賣家「砍價」：

一、首先要貨比三家，多找幾個房地產和仲介公司參考諮商，選擇 CP 值最高的房產。

二、告訴賣方你已支付其他中古屋的定金，但也喜歡此房，表示抉擇兩難。

三、表示自己對房產很滿意，但家人對此有不同意見，或者說明自己「手頭略緊」，希望對方能在價格上做出讓步，以尋求兩全其美的辦法。

四、盡量多多尋找你要購買的中古屋的缺陷和瑕疵，要求降價。

五、隨身帶一點錢或提款卡，表示只要價格合適立刻支付定金。

六、如果你遇到一位固執的賣家，就不要多做糾纏，讓對方形成有可能失去你這位有強烈購買欲望買主的印象，或許還會出現轉機。

有人因為經濟條件不允許所以選擇中古屋，有人想等待商

機賺取差價所以選擇中古屋。不管我們為了什麼選擇，又選擇了什麼，最重要的是我們在追求的過程中學到經驗、得到成長。

別「摔倒」在合約上，「霸王條款」需警惕

購買房產對很多人來說是件大事，在經過細緻的實地考察、挑選戶型、確認購買對象後，在簽訂認購合約時更不能掉以輕心。待購房合約順利簽署完畢，購房這件大事才算塵埃落定。

在簽訂認購合約時，消費者因尋覓到喜愛的房地產，或是在經過長時間等待後滿心歡喜，往往瀏覽一下合約就簽字確認了。但他們沒有意識到，某些開發建商會在合約中摻加一些「蹊蹺」，這些「蹊蹺」就是一旦發生問題會讓消費者苦不堪言的「霸王條款」。

2010年底，小王在某區購買了一間預售屋，她先支付一半手續費，另一半到交屋時再交付。但當她去領取鑰匙時，工作人員卻告訴她，她購買的房產實際面積超過預定面積7%，必須將多出來的款項補齊才能領到鑰匙，且該建設公司不會承擔任何責任。

這樣一來，小王就要再額外支付三四萬元的費用。面對這種錯誤，建商卻用購房合約中有相關條款的約定為理由，將責任全部推到了小王身上。

但這也只是冰山一角，還需消費者在簽署過程中特別留意，仔細閱讀，分辨其中隱藏的不公平條約。投資房產的目的是為了居住舒心，同時實現資產的保值增值，如果在收了房屋之後還要不斷去應對這些霸王條款所帶來的後續紛擾，還不如另選其他的投資，避免為將來埋下禍根。

【紅色預警】
投資房產必須避開的五大「雷區」

一說到房地產投資，總是讓人產生一種又愛又恨的情緒：一方面愛它的穩定性，就算你不打算將其出手，它也一直在那裡不會憑空消失；另一方面又恨它的不穩定性，隨著房價起伏波動，投資者很可能會以十萬為單位地賠錢。

只要是投資就會有風險，因恐懼而一味止步不前的人是無法賺到錢的。既然房市有風險，我們就要找出避免使自己陷入其中的方法，理智而輕鬆地投資，才是正道。某地產投資家赴哈佛遊學三年歸來，他總結了以下五大必須避開的投資「地雷」：

第一，不及時關注國家政策變動

隨著房市的反覆浮沉，政府發布了各項新政策，房市必然會產生連鎖反應，例如銷售、貸款等方面都會出現一系列問題。如果不關注政策，一旦引發糾紛，不管是財力還是人力方面，都會帶給購房者嚴重損失。

在打房前,劉賓曾在某市購買了一間房產,並按總價的20%付清頭期款。但後來因政策變化銀行提高門檻,建商商原本承諾與銀行溝通,如今也不見效果。後來建商商又提高了頭期款金額,銀行依然不批准貸款,導致劉賓無錢支付,這兩件事已經讓劉賓頭痛不已。又恰逢建商商內部人事變動,新的銷售負責人要求劉賓退購,並且不會退還已支付的頭期款。劉賓無奈,只得四處託人尋找律師,透過法律途徑維權。

第二,在風暴中心投資,購買「地王」周邊的房子

處於金融中心的商業圈,地價往往被「炒」得很高。「地王」的性質與商業圈異曲同工,因為土地競拍價格高昂,本身附帶的更多是「炒」出來的價值,本身不一定具有優秀品質與升值潛力。

不管是金融中心還是「地王」,它們的相同點是泡沫太大,一旦房價下跌,這兩個區域的價格縮水將是最嚴重的。所以要盡量避免在這兩個區域附近投資,將目光轉向其他具有投資價值的地域,同樣可以帶來豐厚回報。

第三,為了購房,盲目借貸「鉅款」

一般購房者欲購買房產,都必須得到銀行貸款的支持,所以在你決定購置房產之前,先考量一下自己是否有能力應付貸款壓力。

首先,你是否具備承擔頭期款的能力?其次,當前貸款政策是否穩定,一旦發生變動你可以應付嗎?最後,你有沒有預

留至少一年的還款準備金?如果這三條都不成問題,那麼你就可以貸款買房了。

買房是為了讓自己的生活過得更好,貸款是實現這一目標的重要途徑。千萬不要為了買房而強迫自己借貸還不了的「鉅款」,本末倒置。

第四,產權不明確的房子麻煩多

除了產權持有人不明確的房屋要盡量迴避外,還有一些特殊性質的房產需要投資者特別注意,如一些工業用地上的辦公及配套宿舍用房;一些企業的員工宿舍等。這些房產因產權不明確,甚至沒有房屋權證,原則上是不允許上市交易的。

近年來,這類房產也開始私下進行買賣。雖然價格較市場上要便宜很多,但因為它們沒有完善的上市手續,導致銀行禁止其貸款,所以如果投資者有購買意向,也只能採用全款的支付方式。另外,沒有權證也是一顆隨時會爆炸的「炸彈」,一旦就此發生糾紛會十分麻煩。

第五,房產預售合約條款「地雷」多

開發商通常會在房地產預售合約與認購書中列出諸多條款,涉及從產權證備案到最後交房等許多方面。很多購房者在看到令人眼花撩亂的合約書時,往往只是瀏覽一番,認為沒有大礙就簽名確認了。

實際上,不少建商會在合約書中擬出多項「霸王條款」鑽購

屋者的漏洞,像「因不可抗力沒收頭期款的權利」、「公共面積業主不得享受使用權利」等。這些條款若不加注意,待到日後問題暴露時,會令消費者吃大虧。所以在簽署認購合約時不要怕麻煩,一定要逐字逐句地分析研究,找出不利於買方的條款,才能更好地保障自己的合法權益。

「房市有風險,投資需謹慎。」房地產投資確實是很誘人的項目,否則也不會有如此多的人參與其中。

在投資大軍中,我們要盡量做到不投資高風險或是有明顯缺陷的房子,畢竟對於普通人來說,所投資金是自己辛苦存下的積蓄,不僅要對自己負責,也要對家庭負責,萬萬不可意氣用事。

○ Lesson 3　精明買房術—房地產,高瞻遠矚不吃虧

Lesson 4　保值更要增值

—— 黃金，全球通行的貨幣

◯ Lesson 4　保值更要增值──黃金，全球通行的貨幣

▌八大理由告訴你，為什麼要投資黃金

　　黃金是歷史最為悠久的投資理財標的，古語有「亂世黃金盛世玉」，早在封建時代，達官顯貴就以持有黃金的數量作為身分的象徵。哈佛教授馬丁・費爾德斯坦（Martin Feldstein）曾就黃金的影響描繪了這樣一幅場景：「在杜拜債務危機的背景下，人們擔心金價會繼續走高，因而大肆搶購黃金。」這不僅突出了黃金的價值穩定性，也透露了它極大的投資價值。

　　在亞洲，黃金已逐漸成為眾多普通家庭的「鎮宅之寶」。下面就羅列幾點黃金的優勢以供有投資黃金意向的人了解：

一、價值穩定，投資基本無風險

　　幾千年來，黃金以其極富魅力的溫潤質地、不變質、易流通、易儲藏等顯著優點成為人們投資的首選。因為黃金的化學性質比較穩定，即使經過時間久遠的存放，也依然能夠保持原本質地，不會像貨幣一樣，隨著時間的流逝腐朽，所以有著一種「恆久穩定」的保值特性，並被稱之為「沒有國界的貨幣」。這也決定了它在任何時代、環境下都是最具安全性的資產。適合所有人長期持有，不僅可以投資在當代，也可以作為遺產代代相傳。

　　黃金還不受限於任何國家和貿易市場，它與公司或政府也沒有牽連。

這種獨立性賦予了它非常穩定的保值屬性。黃金屬於不可再生資源，地球上的黃金是有限的，隨著黃金儲量的不斷減少，它的價值必會長期保持上升趨勢。

另外，黃金與其他有貶值可能的貨幣不同，因其具有高度流通性，所以能夠抵禦通貨膨脹，風險較低。

因此，不管是對普通家庭還是對專業投資人來說，黃金都是便利兼實用的投資標的。

二、作為抵押品時手續較為簡單

我們經常能在電視劇中看到這樣的情景：突然陷入困境的家庭會把家裡的金銀首飾、古董、名人字畫拿到銀行或者當鋪，進行典當或者抵押。結果往往會怎麼樣呢？金銀首飾被很輕鬆地收下，但是名人字畫就不那麼「好用」了，不是被說成「假貨」，就是被當作贗品打發了之。

這便是黃金的第二個優點了，即作為抵押和典當物品時，交易流程非常簡單。

如今國際通行的抵押和典當交易中，字畫和古董的交易過程非常煩瑣，除了先進行真假和年代等的鑑定，還要另加上其他一些不動產作為抵押才能得到對方的認可。黃金則沒那麼麻煩，只要出具相關的品質鑑定，銀行和典當行很快就會提供給我們相當於黃金市價90%以上金額的短期貸款。

這一優點當然同樣得益於黃金穩定的價值。在此也提醒投

資者，在短時間內需要募資時，抵押黃金可以算是非常便捷的方式。

三、產權轉移很便利

黃金沒有任何登記制度方面的阻礙，例如，若你想讓子女繼承黃金，只要讓他們拿走即可；可是如果你想讓子女繼承你的房產或股票，就必須辦理過戶手續，並繳納相關的各項費用。

所以，藉此也提醒投資者：對於實物黃金（金條、金幣等）來說，自身不能顯示它的持有者是誰，所以在保管時需要格外小心。

四、黃金市場沒有莊家

沒有莊家也就意味著沒有私募。任何地區性的投資市場都有可能被人為操控，但黃金市場例外。因為它是全球性的投資市場，任何個人、組織和國家都沒有操控全球金市的能力。

金市的這種透明與公平，可以說使我們投資者的心裡又多了一份安全保障。

五、收益非常高

所謂黃金的投資報酬率高一般指的是可以透過財務槓桿，放大資金交易規模的黃金期貨交易標的，投資者只需要繳納一定比例的保證金，就可以進行幾倍於本金的黃金交易。

在這種槓桿化的操作下，黃金投資的報酬率波動一般都會

在 10% 以上，如果能準確抓住金市波動中的幾個波段，就能輕鬆營利。當然，這種槓桿化的交易方式對應的風險也非常高，如果方向看錯，會帶給投資者沉重的損失，所以比較適合有經驗的投資者。

六、無須選擇品牌，操作起來簡單明了

投資黃金，不需要像投資股票和基金一樣，從眾多的品牌和種類中甄別挑選。金市種類非常單一，價格的上漲下跌也一目了然，這就省去了初級投資者不得不從眾多品牌中做出選擇的苦悶，而且無須為自己不了解投資而選錯路線擔心。

七、市場沒有時間限制，全天候允許買賣

很多投資標的在交易時間上都設定限制，比如相關部門的營業時間、投資標的本身的交易規則等，這些限制都讓投資者的買賣活動變得不那麼隨心所欲。

黃金投資就顯得比較人性化，二十四小時都可以交易，讓投資者能夠隨時買賣、及時抓住市場行情營利。

八、不用為稅收擔心

不少投資者在投資營利後，未必能得到理想數目的利潤。因為在交易最後，投資者通常要繳納各種稅金，造成利潤的流失。投資黃金就不用為稅收擔心，因為它是世界上稅收負擔最輕的投資。

◯ Lesson 4　保值更要增值─黃金，全球通行的貨幣

　　闡述了黃金這樣多的優點，或許我們可以用一句話來為黃金投資做最終總結：如果你現在花 1 萬元買黃金，十年後黃金還是黃金，但那時它的價值可能就不止 1 萬元了。

新手如何投資實物黃金？三大管道任你挑

　　了解了黃金的獨特優越性之後，我們首先來看看實物黃金投資管道、手續以及如何輕鬆地完成黃金投資。一般來說我們可以將其分為三種管道分別闡述，即金店、銀行、黃金延期交收業務平臺。

　　在人們的日常投資中，最為常見的管道就是金店。但是，透過金店購得的黃金產品，一般更側重使用和收藏價值，投資價值不是很高。近年來，很多大小金店也推出了實物黃金投資業務，這就為投資者增加了一條更加方便的投資管道，同時，金店是否具備正規合法性也成為投資者需要關注的重要因素。

　　一位業內人士曾坦言：「現在公司開金店的門檻不是很高，合法性很難得到正確評定，黃金產品也不一定正規。」有的金店雖投資方便，但出售的「雜牌」金條，其出身、品質都得不到保障。更有一些金店借黃金買賣來做地下「炒金」業務。這樣除了要投資者承擔交易風險外，資金的安全也難以得到保證。

　　不過金店這種投資管道也並非一無是處。相對各大金融機購來說，部分金店的回購價格較為合理，能夠隨時跟進金市報

價。並且,有些金店對於非自家出售的產品也進行回購,除了標價各有不同外,一般只注意黃金的品牌與品質,而且不收任何回收手續費。這為黃金變現提供了非常大的便利。

以金銀首飾為主營業務的金店,通常不適於進行實物黃金投資,因為手續費較高。不過,在購買之前,還應仔細閱讀每家公司的未來預期報告以及過去三年內的報告總結,綜合性地得出適合自己的投資公司和方案。

金店這種投資管道風險不小,投資者在做出決定前還請多多謹慎考慮。投資者選擇銀行管道進行實物黃金投資時,主要有以下幾個操作步驟:

一、先到銀行櫃檯辦理黃金帳戶。

二、根據各家銀行規定收取不等的交易手續費。

三、交易成功。

選擇銀行作為實物黃金投資管道,雖然黃金品質得到保障,不必擔心被「雜牌金」矇騙,但因為有些銀行不辦理回購業務,所以對想靠黃金轉賣獲利的投資者來說,在將黃金變現時會平添很多麻煩。

黃金延期交收交易,代號 Au(T+D),又稱黃金現貨延期交易,以交易「虛擬黃金」為基礎,是一種可以買漲買跌的投資模式,在推出之初就秉承了讓投資者「像炒股那樣炒金」的理念,借鑑「炒股模式」,透過電子商務系統進行開倉平倉的交割,從

○ Lesson 4　保值更要增值—黃金，全球通行的貨幣

中獲取差價利潤。因為它簡單易上手，所以成為時下最流行的一種黃金交易管道。

投資者要先辦理一張開戶銀行的帳戶，然後可以選擇在櫃檯或網路上申請開通此業務。開始交易時要注意時間，黃金延期交收業務與其他投資方式不同，分幾個時段完成。首先，每個交易日開市前十分鐘為集合競價時間；然後，各交易日的15：00～15：30為申報交收時間；接著，15：30～15：31為系統統計和公布交收雙方數量和延期補償費支付等時間；最後，15：31～15：40為中立倉申報時間。

黃金延期交收業務的交易就是「開倉」與「平倉」。「開倉」就是買入，開始交易；「平倉」是賣出，獲利了結。「持倉」通俗來講就是「拿好你的單子不要動」。投資者可根據市場趨勢來做出相應判斷。

這三種概念是黃金延期投資的基本知識，跟炒股票和期貨有些相似。建議新手投資者在投資前下載模擬平臺練習操作，會更加保險。

黃金延期交收業務每日都會進行結算，系統根據當日結算價計算持倉盈虧。之後，營利者可以提取利潤，虧損者要在規定時間內將資金補足。違約者要付給守約者7%的違約金，然後終止交收。

黃金延期交收業務沒有規定具體的交割時間，買賣雙方可以自由申報。若雙方申報交割的數量不相等，則可以透過中立

倉、延期補償來解決，幫助順利實現交割功能。

由於投資者主要是以保證金方式進行買賣，並且每日都要結算，這種模式雖然會為投資者帶來一定投資風險，但卻能讓投資者用比例較少的錢做較大的投資，提高了投資者營利的空間，並且省去了提取黃金實物的麻煩。

以上是在實物黃金投資中最為常見的三種方式，想透過黃金進行財產保值的投資者可以選擇金店和銀行進行投資，但在投資金店時要特別注意，不要在金飾上投資；若投資金條請留意是否出自正規鑄煉廠。而黃金延期交收業務更適合一些想要獲利的投資者。以上幾種方式無論是哪一種，還請仔細選擇適合自己需要的方式。

六大黃金投資方式，哪一種適合你

在前幾節已了解了黃金投資的基本資訊，也許有人躍躍欲試要投入金市一展拳腳了。那麼投資者要先從哪方面入手呢？雖然全球金市是單一化的，但黃金在投資方式上卻是有著許多不同選擇。

需要注意的是，黃金投資不止大家所熟知的實物黃金一種管道，它還包括紙黃金、黃金期貨、黃金期權、黃金股票、黃金基金、國際現貨黃金等，這些品種各有利弊，可依據自身條件選擇。

Lesson 4　保值更要增值—黃金，全球通行的貨幣

一、紙黃金

紙黃金交易沒有實金介入，投資者可以去銀行開個以貴金屬為單位的帳戶，然後採用記帳的方式進行「虛擬黃金」投資，無須實物交易。

紙黃金優點是交易方便、成本低，手續費比買賣實物黃金低，也不用為保管而憂心，所以成為黃金投資工具中最為穩健的一種，適合普通薪水階級。

投資者還可以諮商其他各大銀行，然後酌情選擇自己喜歡的項目。

二、黃金期貨

黃金期貨是一種保證金交易，即在黃金買賣中，投資者要在合約到期日之前，出售和購回與先前合約相同數量的合約而平倉，無須真正交割實金。投資者在投資前首先要選擇正規的期貨公司進行期貨開戶，擁有戶頭之後方可進行期貨交易。

黃金期貨優點是流動性大，合約可以在任何交易日變現，甚至可以當日買進當日就賣出；缺點是風險大，投機性強，更適合機構投資者如企業、銀行等，不太適合個人投資。

三、黃金期權

黃金期權，通俗地說，就是以黃金的某一個價格為「標的」的認購權證和認沽權證。如果價格走勢對買賣者有利，就可以

行使其權利,進而獲利;如果價格走勢不利,他們可以放棄行使權利,只損失當時購買期權時的費用。

另外,有條件的可以透過海外一些期權交易平臺進行交易,比如美國 FEX、澳洲 Trader711 等。

黃金期權的優點是可以用少量資金進行大額投資,投資者不必為黃金的儲存和品質擔心,降低了投資風險;缺點是期權買賣技巧複雜,普通人不易掌握。期權交易更適合在金價大幅波動時投資,所以更適合一些打算對黃金進行中期持倉的投資人。但期權投資門檻較低,風險相對可控,所以普通人也可以嘗試投資。

四、黃金股票

黃金股票是股票市場中的板塊分類,是黃金公司向社會公開發行的上市或不上市的股票,所以也被稱為金礦公司股票。一般而言,黃金股票的走勢與金價之間存在一定的相關性,如在金價上漲時,一些黃金公司股票的表現就會非常好。

黃金股票的優點是收益高、投機性大,所以吸引力也大;但如果是非上市的黃金股票,其缺點是**轉讓性差、交易費用高**,並且不少黃金股的表現也直接受制於黃金公司本身的經營狀況,這就要求投資者時常留意該公司的經營情況,同時還要對金價走勢進行分析研究。

黃金股與其他股票一樣,在交易中需要投資者做出理性判

Lesson 4　保值更要增值─黃金，全球通行的貨幣

斷，所以更適合有風險承受能力，並已具有市場投資經驗的投資者。

五、黃金基金

黃金基金是黃金投資共同基金的簡稱。由基金發起人組織成立，由投資人出資認購，由基金管理公司負責具體投資黃金業務的一種共同基金，由專家組成的投資委員會管理。

與一般基金相類似，黃金基金的優點是投資門檻相對較低、風險小、收益比較穩定；缺點是基金管理者水準參差不齊，對投資者會產生一些影響。黃金基金因其操作方便、風險不大、委託專家管理等優勢，非常適合普通百姓投資。

六、國際現貨黃金

國際現貨黃金又叫倫敦金，因最早起源於倫敦而得名，以倫敦黃金交易市場和蘇黎世黃金市場為代表。這也是一種類似「虛擬交易」的投資方法，投資者要預先開立個人「黃金存摺帳戶」，然後透過此帳戶進行交易買賣，交易期間不涉及實金。這類黃金交易無固定場所，所以投資者可以和委託的金商透過電話、電傳等方式進行交易。

國際現貨黃金的優點是方便快捷，省時省力，回報利潤高；缺點是風險大，資金投在國外不易控制，手續費高昂。所以國際現貨黃金不太適合作為普通人的投資對象，而資產雄厚的投資者則可以考慮。

以上列舉的黃金投資方式是最為常見的幾種，因特性不同而各有利弊。例如，紙黃金和黃金基金就適合普通百姓，但黃金股票和黃金期貨就需要投資者仔細斟酌了。投資者如果想邁進金市體驗一把「炒金」的樂趣，還得先結合自己的經濟條件、承受能力等，綜合做出一個理性的評估，然後再選擇相對適合的投資方式。

哈佛經濟學家來解析，引起金市震盪的要素有哪些

哈佛經濟學家肯尼斯（Kenneth Rogoff）認為：「雖然未來爆發惡性通貨膨脹的可能性較低，但黃金的價值的確被少許高估。」

金市是一種貴金屬投資，價格上的震盪也更加牽動投資者的神經，究竟是「估值偏高」還是事出有因，每個投資者心中都有自己的衡量標準。那麼如何判斷金市是否會出現震盪呢？肯尼斯總結了以下五個要素：

一、美元匯率走勢與金價呈負相關關係

美元作為世界貨幣，成為世界上主要黃金市場的報價標準。在各國銀行中，美元和黃金的儲備量息息相關。一旦銀行所持的黃金儲備量減少，就要相應增加美元儲備。

◯ Lesson 4　保值更要增值―黃金，全球通行的貨幣

　　美元的行情穩定表示美國經濟形勢良好，美國國內的投資家就會將投資重心放在股票和債券上，這也就導致黃金市場相對被投資人所忽略，投資者減少，金價勢必下跌；而美元匯率下降通常與通貨膨脹、投資市場不景氣相關，每到這時，黃金的保值貯藏功能又再度回到人們的視野，投資者增多，金價也被隨之拉高。所以在市場中，有「美元漲則黃金跌，美元跌則黃金漲」的規律。

　　在 2001 年美國「911」事件後，聯準會共實行了十三次降息政策，將聯邦資金利率從 6.5% 降到 1%。因貨幣政策寬鬆，導致隨後幾年美元大幅度貶值。在這個影響下，從 2002 年開始，黃金價格一路看漲，到 2012 年 8 月為止，金價已經上漲到每盎司 1,600 美元，最高甚至達到每盎司 1,920 美元，漲幅驚人。

二、戰亂及政局動盪影響金價

　　在戰爭和政局動盪時期，經濟發展會受到很大制約，呈緩慢成長趨勢甚至是出現經濟衰退。在此期間，任何貨幣的價值都變得不靈光，只有黃金依然保持國際公認交易媒介的特質。這時，黃金的重要性又被大多數人重新想起。

　　無論是為了保障自身的財產安全，還是方便交易，身處戰亂中的人們都會把目光轉向黃金市場，於是形成一股搶購黃金的熱潮。隨著黃金大量流向私人腰包，必定會造成黃金市場的儲備量短缺，以致金價隨之上漲。

2002 年 10 月初，美國不斷增兵伊拉克，致使黃金價格不斷攀升。之後兩週，國際金價卻跌聲不斷，跌幅曾達 4.92%。造成這一奇怪現象的原因是什麼呢？原來當年的黃金市場一直被美伊戰爭形勢所左右：美伊戰事趨緊時，黃金價格應聲上揚；當美伊戰事轉緩時，黃金價格又大幅跌落。這更加肯定了國際黃金市場在投資者心中「事來瘋」的特點。

三、通貨膨脹使黃金備受投資者青睞

通貨膨脹通俗來講就是「紙幣越來越不值錢」。當一個國家通貨膨脹時，人們手中持有的現金的購買力不斷弱化，人們內心愈加失去保障，在這種影響下，人們就會轉而購買既有保值功能，流通範圍又廣的替代貨幣 —— 黃金。

通膨越高，市場對黃金的需求量也就越大，金價也就會因供求關係改變而攀升。能在世界範圍內造成金價震盪的還要看美國的影響，雖然各個國家的通膨一定也會影響到本國的金價升降，但一般較小國家的金價變動不會影響到全球黃金市場。

第二次世界大戰後，為了援助歐洲各國戰後重建，美國不斷向世界輸出美元，使歐洲面臨「美元災」。由於美元氾濫，通貨膨脹也不斷加劇。1971 年 8 月，世界進入全面通貨膨脹時代，黃金價格暴漲：從每盎司 35 美元漲到每盎司 850 美元。

四、石油漲則黃金漲

高油價通常被視為通貨膨脹的先兆，所以國際油價上漲也

会帶動金價上漲。原因在於，石油供給受限會導致國家工業生產成本提高，再繼續影響普通消費者的生活。因物價上漲致使貨幣購買力下降，人們轉而信任持續保值的黃金，於是金市便受到熱捧，金價也隨之上揚。

2011年1月，歐盟各國為制裁伊朗研發核武器達成禁運伊朗石油的共識。雖然當時並未正式宣布禁令，但此消息一經披露，國際市場迅速做出反應。布倫特原油期貨立即上漲超過一個百分點。受市場避險情緒影響，國際金價也隨之走高。紐約商品交易所2月黃金期價漲幅為0.76%，達兩週內新高。

五、黃金供需關係決定金價

金價漲跌，供求關係是其基礎。若黃金產量增加，供大於求，市場趨於飽和，金價就會受其影響而下跌；若黃金產量減少或黃金儲備量短缺，出現供不應求的情況時，金價必然會上升。

2011年，國際金市反覆震盪。據分析，主要原因在於黃金儲備量成長速度緩慢。全球近年來每年的黃金開採量約為2,500噸，但市場需求量卻高達4,200噸，供不應求。因為黃金開採週期長，成本高，所以在供給上有很多限制。供給跟不上需求速度，必然導致金價上漲。

作為一個穩健的投資者，不能沉湎於黃金穩定的投資特性中做「掛名老闆」，而應該多多關注世界局勢，在金市發生起伏時做出明確的判斷，這樣才能使自己盡可能遠離損失。

炒黃金賺錢需要掌握哪些投資技巧

就如「投資有風險」這句老話所說，投資市場永遠都是令人思索不透的，有的人在市場中賺得盆滿缽溢，有的人卻賠得傾家蕩產。正是這種市場的不確定性，需要投資者在進場前做好各項準備工作，這樣才能最大限度地減少投資失誤，提高保本盈利的機會。正如哈佛菁英熟知的理念所印證的：「不要懵懵懂懂地投入市場，要在投資前扎實地做功課，才能成功！」那麼，在黃金投資市場中有哪些策略與技巧呢？其實投資方法無非那麼幾種，關鍵要看投資者如何決策。

一、選擇合適的方案，確定目標

在投資黃金之前，投資者首先要做一個自我分析：投資黃金的目的是什麼？能承受多大風險？投資技能是否遊刃有餘？黃金的投資方案非常多，可以滿足投資者的各種需求，但關鍵是，你是否能從中選出真正適合的那一種。

從收益與風險的對比方面看：如果你投資黃金僅是為了財產保值，就比較適合投資實物黃金；如果你想從投資中獲得巨大利潤，並且能夠承擔一定的損失風險，可以嘗試投資黃金期貨或黃金股票；如果你既想獲利，又不想承擔較大的投資風險，那麼就可以折中選擇紙黃金和黃金基金。

二、合理分配投資比例

黃金投資方案可分為槓桿類和非槓桿類。槓桿類的黃金投資品種一般採取保證金交易方式，「多」、「空」都能做，實現雙向獲利，如黃金期貨；非槓桿類方案只能在低位買進，然後在高位丟擲獲利，如紙黃金。

投資者可根據自己的實際情況來選擇投資合適的黃金投資方案。如果想組合投資，那麼最好不要全部集中在同一類方案中，如果將資金都投在槓桿類投資方案中，那麼一旦受到損失則連緩衝的餘地都會失去。

另外，如果投資者決定投資實物黃金，要注意按比例進行投資分配。通常認為，黃金占家庭資產的比例最好不要超過10%，不過因每個人的家庭條件不同，具體分配比例也要結合實際情況來做界定。

三、順應市場大勢，不要逆市而為

在投資者入市之前，要先對整個市場的運行趨勢有整體的了解，然後再酌情對自己的投資走向進行判斷。

黃金市場行情和股票、期貨市場相同的地方是，都會有跌宕起伏的形勢變化，即常言中的牛市與熊市，並通常會有一些大的形勢變化作為市場動盪的指示，而且這種形勢一旦形成，在短時間內不會發生較大改變。所以，投資者一定要看清市場的大勢，順大勢投資操作，這樣投資成功的機率就會大大提高。

比如，一些投資者懷著對投資的恐懼心理，在價格走高時承受不住心理壓力，急於賣出。可這個市場價格或許只是個開頭，後面的走勢還有可能繼續升高。所以投資者要分析清楚市場形勢，跟著大趨勢走，通常不會產生太大失誤。

我們以金價上升來說明。當金價不斷走高時，投資者覺得太貴不敢投；當金價持續下跌時，投資者覺得太虧不敢拋。這兩種做法都是錯誤的：在金價上升趨勢中只有一個錯誤買點，即價格升到最高點之時；在金價下跌趨勢中也只有一個錯誤賣點，即價格跌到最低點之時，避開這兩點，在其他任意一點買入賣出都沒錯。

此外，金市因具有其獨特性，是全球性的投資市場，所以它的形勢不會因人的意志導向而改變，它只會按照市場規律做出相應的反應，所以投資者切忌憑著自己的想像逆市操作。

四、掌握投資技術，建設強大心理

只要是投資就會有風險，投資者在投資前一定要有風險意識，加強自己的心理建設，不貪婪不恐懼，不盲從跟風也不要漠不關心，要用一顆強大的內心應對市場中可能發生的任何變化。

另外，投資者除了要多多關注影響市場變動的社會資訊，還需要提前掌握黃金投資的一些基本知識和操作技術，不要想當然地認為黃金投資和股票、基金等的操作理念類似，就在學習上偷懶。例如，在金市中雖也有牛熊市一說，但絕不會有漲

跌停板的概念。

五、止盈和止損同樣重要

要記住投資前輩們用血淚總結出來的經驗教訓：及時止損，及時止盈。止損也就是盡快終止投資的虧損部分，小虧可以保住大元氣，不讓虧損失控，這才是最終目的。

或許有人會問，止損的意義大家都知道，但止盈又是什麼意思？雖說在金市中，獲利部分能保持多久就放多久，但市場形勢反轉並不會提前知會投資者，所以在投資時一定要結合大趨勢做出最準確的決定。有不少投資者就是做不好止盈，最後讓盈利變成虧損。

六、在投資中懂得操作避讓

當市場趨勢尚不明朗，而你又對自己缺乏信心時，最好的方法就是不要盲目操作，耐心等待為宜。如果你對市場形勢很有信心，就不要顧慮眼前的小小虧損，堅定自己的原則，掌握住投資好時機。切忌過分在意盈虧，一定要以大勢為重。

在金市的投資中還有很多學問，不是一朝一夕就能明白的。這還要投資者認真學習，投入到市場當中小心實踐，累積經驗以充實自己，才能在投資中立於不敗之地。總之，投資者一定要分清，進市的目的是什麼：投資還是投機。如果以投資為目的，就一定要堅持自己的原則，不為他人的暴富心動。如果以投機為目的，就要做好投機準備，不要打無把握之戰。

【紅色預警】
黃金投資一定要避開的六個心理迷思

哈佛教授弗格森（Niall Ferguson）曾說：「經濟危機中保護錢最重要，而黃金就是錢。」如今有越來越多或為保值或為獲利的投資者選擇投資黃金。隨著金市形勢的跌宕起伏，人們的心志也受到磨練。

如何做才能讓自己遠離危機，不被拖入漩渦之中呢？弗格森總結了六個在投資者身上常見的心理迷思。

一、盲目跟風

有一年，黃金首飾價格一路飆升，這吸引了很多人爭相購買金飾做保值之用。張女士就花了 60,000 元購買了四件黃金首飾，她在接受記者採訪時高興地說：「金價上漲太厲害了，就想買黃金來保值。」

首先，因為金價上漲就一擁而上搶購金飾，這就是一種盲目跟風的表現。不少投資者只顧眼前小利，不做仔細考量就隨意「追漲殺跌」，就是說「別人買我也買，別人賣我也賣」。在這種從眾心理作用下，一旦國際金市發生震盪，投資者往往無法及時抽身。

其次，張女士盲目的不僅是投資態度，在投資理念上也很偏頗。金飾不等同於黃金投資，因為它包括人工費、工藝費、

Lesson 4　保值更要增值—黃金，全球通行的貨幣

櫃檯費等各種額外費用，所以市價比黃金本身要高很多，日後變現也只參考原料價格，投資者是很難賺取利潤的。再加上金飾最大的作用是佩戴和收藏，作為投資也不是很合適。但有些人認為大家都去投資就一定有保證，這也是盲目跟風的表現。

所以在投資黃金時，投資者一定要堅定自己所選擇的投資管道，不跟隨別人的意志，也不輕易盲從他人的投資策略。事先做足功課，培養自己的獨立意識最重要。

二、猶豫不決

有的投資者在進入金市時，原本已制定好自己的投資計畫，只差投入實踐。但一看到別人的計畫好像獲利更多，便立即改變決定，投入到自己不熟悉的項目中去；還有的投資者容易被他人的行動所左右，在看到人們一齊買進或賣出時，他便開始懷疑，繼而推翻自己的決定。

擁有這種心理的投資者，在面對市場轉捩點時由於不能做出理性判斷，極易錯過賺錢的良機；也有的投資者因為無法分析市場走勢，而錯過最佳交易時機。

雖然政治、經濟形勢的變化可能成為影響金市的因素，但重要的是投資者自己首先必須保持頭腦的清醒，結合時勢和金市動向做出正確判斷，不被他人的意志所影響，這樣才能成為贏家。

三、欲望無限

無論何種投資市場，最大的忌諱是「貪婪」。在黃金期貨和黃金股票等高風險市場上，很多投資者有一分想賺兩分，於是敗在「貪婪」二字上。他們往往在面臨交易的最好時機，抱著「會有更好的時候」等待著的心理，一直等到市場震盪，價格下跌才悔不當初，可是卻為時已晚。

欲望的弱點深植在人類的骨髓裡，是人都會貪婪，關鍵要看你是否能控制住這種欲望的無止境蔓延。高風險帶來高收益，高收益伴隨高風險。投資者如果想在市場中保住身家，就一定要戒掉貪婪。美國華爾街有句名言說得好：「多頭和空頭都可以發大財，只有貪得無厭的人例外。」

四、賭博心理

這樣的投資者往往抱著一夜暴富的心態投入金市，看到別人在市場中營利，便認為投資就是「撞大運」。

雖然投資含有一點投機性質，但如果單純只靠投機就能夠獲利，那麼專家學者也沒有必要教大家投資方法了。所以，投資者在進入市場時，要了解你所選擇的投資項目和操作流程，分析可能面臨的風險，制定有效的投資計畫。當你真的在市場中獲利時，千萬不要被巨大利潤沖昏頭腦，戒掉賭徒「頻加籌碼」的心理，也不要把所有的財產都託付在同一個投資項目上，這樣，當風險真的來臨時，你還有其他管道可以依賴。

Lesson 4　保值更要增值—黃金，全球通行的貨幣

五、漠不關心

某些投資者在買定投資產品後，因為自己不懂或是以忙碌為藉口，將委託權全權交付給他人，如親朋好友、理財顧問等，自己對投資則是不管不問，只等坐收漁利。

有句話說「天下沒有免費的午餐」，天下也沒有白得的利潤。如果你遇到形勢一片大好的市場，大概還可以借東風以獲利；可是一旦市場震盪下跌，到最後賠個徹底，這時的你是要埋怨市場，還是要埋怨委託人？

所以，如果有投資意向，就要學習相關的操作方法、掌握知識，並時常關注市場動態。不要把自己的錢全部交到別人手裡，自己為自己賺錢才最「有成就感」！只要肯辛勤勞動，必定會有所收穫。

六、恐懼作祟

有些投資者因為對市場的波動太過恐懼，往往聽信一些小道消息或街頭傳聞就對投資失去信心，於是急於將手中的標的轉賣或拋售。雖然金市受人為操控的可能性幾乎沒有，但不少投資者在聽聞政策變動或受其他國際時事影響時也會頭腦發熱，做出糊塗的決定，受到損失。

讓投資者關注市場動態，不只是要對時事的「風吹草動」保持敏感，還要有將各種資訊綜合起來權衡優劣的素養。比如要在不利形勢下冷靜分析影響因素有哪些，可靠性如何，未來的

發展方向會是怎樣,然後再綜合做出評判。

讀完以上列舉的六個心理迷思,對準備投資的你是否有幫助呢?

如果你是初涉金市,可以先為自己做個心理準備,以防後患;如果你是金市老手,也可以看一下自己是否犯過這些錯,並引以為鑑。

◯ Lesson 4　保值更要增值―黃金，全球通行的貨幣

Lesson 5　機會與風險並存

—— 股票，財富倍增的關鍵工具

Lesson 5　機會與風險並存—股票,財富倍增的關鍵工具

▋三分鐘快速了解股票

　　股神巴菲特曾在哈佛商學院做過一次演講,演講的內容博得了眾多師生的喝采,其中有一句話說得很好,並且讓哈佛的教授們如夢方醒:「你買的不是股票,你買的是一部分企業生意。企業好,你的投資就會好……」

　　如今,股票已成為知名度最高的投資方式,它因高風險高收益而廣為人知。幾乎每個人身邊都會有一兩個股民,他們或將股經掛在嘴邊,或談論自己賺了多少賠了多少。在看到他人賺取利潤後,有不少人也想到股市中一試身手,他們頭痛於自己沒有炒股必備的專業技術,也分辨不清各種圖表和線路走勢。其實股票就像巴菲特所形容的,沒有那麼難,就像企業的合作夥伴那樣簡單。

　　我們先從股票的意義說起,股票是一種有價證券,是股份公司在籌集資本時向出資人發行的股份憑證。如果你出資購買了某公司股票,那麼你的資金就成為該公司的資本持有之一,你也便成了股東。作為公司的股東,公司營利時你便能得到分紅,公司虧損時你也要分擔相應的後果,這就是股票本身賺錢和賠錢的實質。所以,認為自己沒有炒股技術的投資者,也可以透過研究企業價值來分析一二,作為協助策略。

　　然後,我們來了解股票的幾個特性:

　　一、不可償還性。股票是一種無償還期限的有價證券,投

資者在認購後不能退股,只能轉賣給他人。

二、收益性。股民可憑股票獲取投資收益,另外還可以透過低買高賣來賺取差價。

三、風險性。股價會受到公司經營狀況、供需關係等多種因素影響,進而產生或大或小的波動,這種波動具有不確定性,從而有可能帶給投資者風險。比如某企業有負面新聞報導時,它的股價就會下跌;再比如某檔股票被廣泛看好,持股者繼續持有意願增強,造成買的人多賣的人少,股價也會隨之上漲。

雖然投資風險大,但股票仍憑藉它無可取代的優勢成為眾多投資者的首選,它的優勢主要有以下兩點:

一、股票是獲利較高的投資標的之一。投資即是為了獲取利潤,而股票的獲利性之高令人嚮往。「一夜暴富」的神話可能就發生在你我身邊,股市之中不乏懷揣「富翁夢」的投資者。但有一點要特別注意,除了少數人靠運氣賺錢,多數投資者是否獲利還是要看他是否具備選擇好標的、分析價格走勢和操盤的能力。所以懷著「發大財」心態進入股市的投資者需要再仔細考量一番。

二、投資的可操作性較強。股票投資的手續簡便,沒有時間限制。專職投資者可全天守在證券交易所;兼職或工作忙碌的股民,則可以依靠電話、傳真、網路等方便快捷的管道快速了解股市行情,進而做出交易判斷。另外,投資股票的門檻很低,很多股票只要投入幾百元或者幾千元就可以進行買賣了。

◯ Lesson 5　機會與風險並存─股票，財富倍增的關鍵工具

　　以上所說的是股票的一些基本特徵和優勢，那麼接下來，想要投資股票要從哪裡開始呢？

　　想要進行股票買賣，首先我們要選擇一家證券公司，帶上本人的有效身分證件，開通股票帳戶，證券公司會收取一定開戶費用，當然也有一些證券公司為了招攬生意會在這方面給予減免。在開通了帳戶之後，我們還需要指定一家銀行簽訂第三方存管協議，透過該銀行的帳戶進行資金管理。至此，就可以開始我們的股市之旅了。

　　目前 A 股市場的交易時間是週一到週五的上午 9：30 ～ 13：30。在上午正式開始交易之前的 8：30 ～ 9：00 為集合競價時間，投資者可以在此時下單，由集合競價得出當日「開盤價」，投資者隨後可以進行買進或賣出交易。有一點需要注意，當天買入的股票不可在當日賣出，最快要等第二天才可以賣出，即所謂的「T+1」模式。另外，投資者在買賣股票時也要注意，為了防止交易價格出現暴漲暴跌，同時也為了防止過度投機，股市採取了「漲跌停板」的制度，也就是說，股票的漲跌幅度超過前一交易日收盤價的 10% 時，就停止交易。

　　所以，投資者在當日下單時，一定要將價格控制在該股前一日收盤價的 10% 以內，否則你的報價將被視為無效。

　　當你決定踏入股市時，請一定要保持良好的投資心態。市場只會按照經濟規律做出反應，不會因你個人的情緒而受到絲毫影響，所以投資者要做到不急功近利，也不妄自菲薄；不要

貪婪，也不能焦躁。股神巴菲特在哈佛商學院的演講中，明確指出了這一點：

「如果你買了一百股『通用汽車』後，對『通用』一下子充滿了感情。當它降價時，你變得暴躁，怨天尤人；當它攀升時，你沾沾自喜，自以為聰明，對『通用』也是喜愛有加，你變得如此情緒化。但是，股票不曉得誰買了它，股票只是一個物質的存在，它並不在乎誰擁有了它，又花了多少錢……當股市真的走低時，我會很用心地研究我要買些什麼，因為我相信到那時我可以更高效地使用手上的資金。」

除了會選股票，還要知道買進的正確時機

馬克・塞勒斯（Mark Sellers）在哈佛商學院演講時闡述了巴菲特的話：「偉大的投資者會在他人恐慌時果斷買入股票，在他人盲目樂觀時賣掉股票——每個人都認為自己能做到這一點，但是當1987年10月19日這天到來的時候（歷史上著名的『黑色星期一』），股市徹底崩潰，幾乎沒人有膽量再買入股票。而在1999年（次年即是那斯達克大崩盤），股指幾乎每天都在上揚，你不會允許自己賣掉股票，因為你擔心會落後於他人。」

作為普通人而言，我們可以將成為偉大的投資者作為一個追逐的夢想，在這個夢想實現之前，我們要做的是首先成為一個合格的投資者。那麼怎樣做才算合格呢？就是先盡量做到不

Lesson 5　機會與風險並存─股票，財富倍增的關鍵工具

放跑來到手中的機會。

在股市中，相信有不少投資者時常會因沒有把握住買入股票的機會而遺憾，這並不意味著他們一定是因為人性弱點而落後，因為有時候，很多人並不能分辨已來到眼前的良機。塞勒斯在哈佛演講時，也給學生們總結了以下一些經驗，教你如何迎接機會的來臨。

首先，你要先確保自己能夠買進一檔好股票。判斷股票價值前景的要素有哪些呢？

一、產業地位和前景都很好。例如龍頭企業，因實力雄厚，抵禦風險的能力也較其他小企業強。

二、業務集中。集中精力精鑽一種業務的企業能夠清楚定位自己的核心領域，會努力朝著一個方向發展，所以可以期待它們的收益。

三、歷史上無不良業績。企業在歷史上有無不良業績可以作為投資人的重要參考，例如在服務上是否有不良紀錄，在股市中是否表現不佳等，了解這些歷史有利於投資者判定其風險大小。

四、有「明星品牌」的企業。有「明星品牌」的企業通常僅靠這一明星產品也能保持收益。並且，品牌效應也能成為抵禦風險的盾牌。

五、資源類股票。任何經濟的發展都離不開對資源的依賴，

作為整個產業鏈的上游,握有資源的企業往往享有定價權和成本轉嫁的能力,因此資源類股票在投資市場上是值得重點關注的標的。

當你挑選出了你心中的那檔好股票以後,接下來的問題就是在何時將它買入了。對於一個資質良好的企業而言,或許任何時候投資它都不算晚,但塞勒斯另外總結了一些在冷門時刻抓住好時機的方法,以供大家參考。

一、股價下跌形勢超過其負面資訊影響時

當某些企業傳出負面消息時,由於投資者對其產生不信任的危機心理,紛紛拋售該企業的股票,導致股價下跌的速度超過消息的傳播速度時,這時是買進的好時機。

1963 年,美國運通牽扯進所謂的「迪諾・安吉利斯沙拉油醜聞案」。迪諾・安吉利斯(Tino De Angelis)是全球重要的沙拉油經紀商,他曾大肆借貸以買進現貨囤積,企圖壟斷沙拉油市場,結果美國政府拒絕與他交易。這一決定立即引起沙拉油價格崩盤,市值損失達 1.2 億美元。此時安吉利斯出售的「倉單」一夜之間變成了廢紙。緊接著,為其擔保的美國運通被債權人追究 1.5 億美元以上的高額賠償。同時,美國運通的股價受其影響引發巨幅暴跌,從之前的 65 美元跌到 35 美元。投資人紛紛大舉拋售該股,唯恐惹禍上身。

但巴菲特沒有加入到拋售的隊伍中,他反而以 1,300 萬美元

○ Lesson 5　機會與風險並存─股票，財富倍增的關鍵工具

買下當時陷入醜聞的美國運通 5% 的股權，後來又以 2,000 萬美元賣出。令他沒想到的是，他那次顯得有些心急了，如果他能持有到今天，該股如今的市值已高達 20 億美元。

二、股市處於漫長的低潮期時

在股市下跌一段時間之後長久處於低潮期，並且已失去更大的下跌趨勢時，若大盤的成交量突然增加，此時投資者可以考慮買進，以期望股指再度上揚。

股神巴菲特曾表示：「可口可樂的股票，就是死了也不賣。」可口可樂在歷史上曾有過慘痛的跌勢，但是巴菲特並沒有放棄它，而是一直堅持，笑到了最後。

他曾說：「可口可樂公司於 1919 年上市，那時的價格是 40 美元左右。一年後，股價降了 50%，只有 19 美元，看起來那是一場災難。瓶裝問題，糖料漲價，你總能發現各種的原因讓你覺得那不是一個合適的買入時機。但如果你在一開始以 40 美元買入一股，然後把派發的紅利進行再投資（買入可口可樂的股票），直到現在，那股可樂股票的價值是 500 萬。這個事實壓倒一切。如果你看對投資模式，你就可以賺很多錢。」

三、企業採用新技術進行改革時

當資本密集型的企業引進新技術進行產業改革，由於生產能力得到發展，產品品質提高，進而使企業獲取巨大利潤時，可以考慮購買該企業股票。

2011 年 7 月 20 日，全球最大的 PC（個人電腦）和手機廠商蘋果成為美股的大明星，iPhone 手機就是蘋果公司的主要成長引擎。儘管當日美股大盤波動不定，但蘋果卻不受其影響持續攀升，並不斷刷新歷史紀錄，從漲幅 0.8% 一路急升超過 6%，一舉突破 400 美元大關。

在蘋果的強勢帶動下，截至當日收盤，為蘋果生產筆記型電腦保護套的可成科技股指漲 4%，創下至少是四年來的最高水準；為蘋果組裝 iPhone 的鴻海精密股指漲 4.6%；為蘋果 iPad 生產觸控式螢幕的勝華科技股指漲 4.8%；而為蘋果 iPhone 生產攝影機的大立光電股指漲 2.9%。

由此可見，當科技股在推出新技術產品時，其在大盤的走勢往往能令人眼前一亮。

四、當企業內部結構發生改變致股價下跌時

當企業內部結構發生改變，如因投入資金擴大規模、企業進行部門重組時，這時因為其結構變動導致銷售業績不穩定，或在改革中出現各式各樣的問題時，企業利潤有可能下降。這時因投資者們對企業前景持有懷疑態度而拋售股票，致使股價下跌，這時恰是購進的好時機。對於某些企業，投資者可賺取其短線之利，例如柯達。

2012 年 1 月，陷入退市風波的柯達宣布對業務部門進行重組，將由三個業務部門縮減至兩個，即商用部門和消費部門。

柯達表示,他們希望透過重組來降低成本和提高生產率。隨後,柯達股價大幅飆升,當天上漲 49.96%,報收 60 美分。

又因為柯達連續三十天收盤價低於一美元,紐約交易所對其發出了可能被摘牌的警告。不過,即使進行部門重組,柯達的前景也並不明朗,投資者還是慎重為妙。

只要是值得的投資,從任何時候開始都不會落後。在股市中,哪怕瞬息的微小變化也能產生重大影響,關鍵要看你能否把握住被別人忽視的機會。比如我們上述提到的這些較為冷門的買進時機,它們會出現在所有人面前,但並不是所有人都能正視或是有出手的勇氣。要做一個合格的投資者,就要先學會擦亮眼睛,正確看待商機。

你是股市的過客還是常青樹,關鍵在於三個基礎

很多投資者十分羨慕那些成功的操盤手,於是紛紛去學習他們的指標分析,並在學習的過程中大呼股市之複雜。其實炒股一方面需要經驗技術,另一方面則需要貫徹投資高手們一直在說的三點原則,這三點原則看似簡單,但真要實施起來恐怕並不容易。

一、面對股市，要有耐心等待

我們或許時常會聽到新手投資者這樣抱怨：「為什麼總是在我買進之後它就跌，等我一賣出它就漲了呢？」有一個寓言應該能解釋他們的疑惑。這個寓言在股市中非常有名。有一位老者介紹了怎樣用錘子擊打的方法使大鐵球搖擺起來。他先是請了兩位年輕人用大鐵錘掄擊，但大鐵球一直紋絲不動。當人們陷入沮喪時，老者拿出一把小鐵錘，專注地對那大鐵球敲打起來。他每敲一下便停一停，然後不斷重複這個動作。人們都感到很奇怪，用大鐵錘都不能使大鐵球動起來，小鐵錘能做到嗎？

時間在反覆的敲打中過去了，十分鐘、二十分鐘，大家都開始失去耐心，認為這是在做無用功。但老者卻仍是一錘又一錘地認真擊打著大鐵球。終於在四十分鐘後，一位坐在前排的觀眾突然大喊：「球動了！」他沒有產生幻覺，在小鐵錘的不斷擊打下，大鐵球開始緩慢地擺動起來。

老者面向觀眾席，只說了一句話：「在成功的道路上，你是否有耐心等待成功降臨？如果沒有，你只好用一生的耐心去等待失敗了。」

有很多人抱著「大賺一筆」的心理投入股市，他們急於看到利潤回報，卻沒有足夠的耐心去等待。前面說的新手投資者正是犯了這樣的錯，他們就像寓言中的年輕人一樣，僅是擊了幾下大鐵錘就告放棄。他們沒有耐心等待事物經量變產生質變的過程，自然也就無法等到成功的輝煌時刻。

Lesson 5　機會與風險並存―股票，財富倍增的關鍵工具

股神巴菲特曾說：「如果你沒有持有一種股票十年的準備，那麼連十分鐘都不要持有這種股票。」

「十年只盯一檔股」並非只適用於著名投資家，一位普通股民小胡就是這種長期投資理念的受益者之一。他在十年中一直持有 A 公司股份：「十年來，我從沒清過倉，持股量每年保持一定成長。」雖然在炒股過程中不斷經歷高拋低吸的過程，但小胡一直留有倉底不動搖。如今，A 公司從最初默默無聞的小公司，慢慢成為業界最大商業類上市公司。小胡獲利頗豐，並立志做一世的「A 粉絲」。

投資股票好比播種，沒有農夫會在播種之後每隔一段時間就把它們挖起來看看長勢。由此可見，保持耐性是通往成功的第一步。

很多投資者在眾多股票中千挑萬選，就是想選中一隻黑馬股給自己賺大錢，可又會因該股走勢平淡或太過跌宕，時常是爬上了黑馬卻坐不穩。路只走一半是無法看到終點的美景的，對於任何股票而言，如果你沒有耐心等待和經歷它的改變，那麼你也就不會看到它在你手中綻放光芒。

二、有了耐心，要擇機果斷出手

著名投資家索羅斯（George Soros）認為：「進攻必須果斷，不要小心翼翼地賺小錢，除非不出手，看準時機的話必須要賺盡。」這句警示向我們透露了一個資訊，在股市中，行事果斷的

人才有前途可言。

程峰最初以 13 元一張的價格買入某股票,其後該股便一路上揚,好消息不斷。直至一天,該股以 22.99 元漲停 —— 在短短一個月內,該股漲了 10 元。程峰這時本想以 22 元的價格全部丟擲,可一看到它漲停便猶豫起來。誰知從第二天開始,該股價格一路下跌,從最高 23 元跌至 14 元。程峰猶豫僅在一時之間,可最終他卻因此損失了數十萬。

程峰的迷思在股市中頗為常見。誰也不會嫌棄自己口袋裡的錢太多了,於是很多投資者便抱著「以後會不會繼續漲」的期望,遲遲不肯出手。有句俗語這樣形容英明的好獵手:「不見兔子不撒鷹。」道理大家都懂,但是很多人在真的看到那隻兔子時,難免會想「牠後面會不會跟著兔群?」要謹記市場不會被散戶所左右,即使真的有兔群出現,你的鷹未必有橫掃牠們的命。所以,當你確定某個目標時,除了耐心等待不要急躁,更要在獵物出現時穩、準、狠地出手。

在股市中有句諺語:「不會賣股票就不會炒股。」這說明選擇好的賣股時機很困難,但也正因這樣才要求投資者必須果斷。如果患得患失,一味糾纏於自己的期望,最終結果只能是將「貪」變為「貧」。

普通的投資者不要對自己期望過高,不要怕丟擲股票後價格又上漲,因為以我們的微小之力能跟上大盤的兩三個上漲波段,就已經突破及格線了。

○ Lesson 5　機會與風險並存─股票，財富倍增的關鍵工具

另外，在股市無常的起伏波動中，投資者要理智操盤，耐心等候時機再果斷出手，避免猶豫和衝動耽誤良機。

三、情勢不對，保命要緊

具備耐心與果斷的特質之後，最後要謹記的一條是：情勢不對時，要眼明手快保住自己。

1974 年，投資家索羅斯全面地投資日本股票市場。一日下午，東京某位營業員打電話向他通報了一條消息：日本人對陷入「水門事件」醜聞的尼克森（Richard Nixon）總統反應欠佳。當時索羅斯正在度假，但他在聽聞這則消息時立即毫不猶豫地賣出所有日本股票。當年，日本股市跌至見底。雖然這次股市大跌更多的原因是經濟危機因素，但也可以看出，眼明手快不留戀的決定確保了索羅斯的平安。

股市中還有一類人很常見，就是對自己持有的股票過於「愛惜」，他們不僅在上漲時希望繼續漲而捨不得賣出，下跌時還希望股價回彈也捨不得賣出。對於普通投資者而言，我們能夠做到保本也是一種成功，只要「青山」還在，「柴火」就總會有的燒。所以投資者無論在市場中是盈利還是虧損，都不能因「捨不得」而猶豫不決，一個遲來的決定很有可能影響整個局勢。

股市瞬息萬變，不論是操作技能還是理念，都需要投資者隨機應變。但隨機應變也要建立在以上三點基礎之上：有耐心

等待情勢變化、遇到良機有勇氣果斷出手、遇到危機有「壯士斷腕」的決心。只要心態擺正，就不會成為股市中的匆匆過客。

炒股有技巧，「組合」是個寶，「保養」一定要做好

初說「投資組合」這一概念，也許有人不明白，也許有人認為很麻煩，我們可以引用美國著名投資家、諾貝爾經濟學獎得主馬可維茲（Harry Markowitz）的「雞蛋理論」來說明，其重要性就一目了然了。

把你的財產看成是一筐雞蛋，然後把雞蛋分配到各個不同的籃子裡。如果有一天，你不小心碰翻了其中一個籃子，即使裡面的雞蛋全碎了，你也無須太過擔心，因為你還有其他裝著雞蛋的籃子。可如果你把所有的雞蛋都放進同一個籃子裡，籃子一翻，你就會失去所有的雞蛋。

在投資中，這個理論可以更深入地解釋為資產分配，它是一個關鍵性的概念。我們可以將資產分配代入到股票投資中來，如果投資者把所有資金全部都放在同一檔股票上，那麼賺則大賺，賠則大賠。大投資家們也許有承擔這種風險的能力，但作為普通投資者，恐怕無法接受這樣巨大的落差。如果投資者可以選擇多種股票進行組合投資，這樣做就會降低整體面臨的風險，既有賺也有賠，較為保險。

Lesson 5　機會與風險並存—股票，財富倍增的關鍵工具

哈佛大學的坎貝爾（John Campbell）教授也認為：「不同的投資可能具有不同的風險，透過適當的分散化投資形成最優資產組合，就可以有效降低投資者面臨的風險。」由此可見，選擇「組合投資」並不限於讓投資者分散購買標的，它最大的作用是分散投資風險。有了這樣的認知之後，我們就來列舉一下幾種不同的組合方式：

一、選擇不同的股票

投資者可以選擇不同企業的股票進行投資組合，這樣做的好處是，當有一檔股票行情不好時，還有其他的股票可以幫助你挽回元氣。這樣做的最大好處還是分攤投資風險，使投資者不至於一賠到底。

二、分期購買股票

這是一種打散購買時間的投資方式。這樣做的好處是，盡量避開股市的起伏波動期，分不同波段購進以分攤投資風險。

這個方法很適合長線投資者，因為有些股票一熊許多年，以致長時間無法翻身，在這期間如果投資者被恐懼、貪婪等弱點動搖，很可能不能堅持到最後。另外，採用這種方法，投資者一定要尋找有投資價值的股票。

三、在不同區域購買股票

有條件的投資者可以選擇在不同的地域購買股票，例如美

股、港股等。

雖然各地的股市都與全球金融體系相連繫，但其股價走勢還是自成一派的。所以，進行跨地域的多種股票市場的組合投資，借各地市場的不同走向獲取相應收益，也不失為一種好方法。

四、均衡購買股票

投資者可以選擇購買股市中相對活躍和相對不活躍的股票，以這種互補式的組合投資達到利潤互補的目的，這樣做和第一條方法有些相似，但更注重保本功能，使股票避免全線下跌的態勢。

了解投資組合的幾種方式後，還有一些後續的工作也相當重要。因為有些組合會隨市場變化、時間流逝而拉開差距，發展方向也會逐漸產生變化，所以如果只做開頭不理善後，投資也是難見成效的。下面我們就來說說組合投資的「保養」方式：

一、短時間內不要做大幅調整

如果投資者感到當初的投資組合已不能很好地發揮優勢時，也不要一次性做大幅調整。更合適的方法是，制定一個調整計畫，然後分期分批地逐步實現。這樣做可以避免因投資組合發生巨大變動而帶來的收益風險，也能使投資項目在調整過程中更好地磨合。

二、調整時要善用技巧

如果調整需求不緊張，投資者可以適當挪用預備的資金來均衡配置。比如可以用這筆資金買入更有價值的投資標的，同時減少那些在組合中已不合適的標的，這樣做既減少了不必要的成本，也更加活用了投資資金。

三、果斷拋掉品質不佳的投資標的

在減少組合中不合適的標的時，投資者首先要考慮的就是表現不佳的標的。但需要注意的是，投資者不能僅根據該標的的短期收益來做判斷，而是要將它與同類標的進行比較，注意分析它的長期表現是否有投資價值。不要因一時迷惑拋掉有潛力的股票，而要將長期表現不佳的標的選出來放棄掉。

四、精選合適的替代標的

在投資者需要增加新標的或選擇替代標的時，要結合投資組合的整體進行分析考量，例如是要增加成長股還是週期股，是要選擇防守性股還是投機性股。

不同性質的股票對組合也會產生不同的影響，所以，投資者要從中精選，不僅要選品質好的，最重要的是選擇與自己的組合更加合適的。

總之，「把雞蛋放在不同的籃子裡」對任何投資者來說都是一個分擔風險的好方法，這要求投資者必須結合自身經濟條件

和對股市行情的判斷能力做出綜合考慮,從而制定出最佳的組合計畫。

另外,投資者還要考慮到自身對股票量的承受能力,不要貪多。因為如果投資組合太過多元化,勢必會帶給投資者繁重的壓力,讓人力不從心。

規避股市風險不需要「七十二變」,這幾招就可以

傑克・梅爾(Jack Meyer)被稱為哈佛大學的財神爺——「哈佛寶貴的財富之一」。因為他在管理哈佛校友捐贈基金會的十四年間,透過大膽而聰明的投資為哈佛創造了 120 億美元的財富,使哈佛成為世界上最富有的大學。

傑克・梅爾除了投資手法大膽外,他更加懂得如何規避投資風險。在 2001 年至 2002 年間,美國股市陷入熊市,那斯達克指數一度下跌 80%,這讓許多依賴美國股市獲利的大學基金一蹶不振。但與眾不同的是,哈佛大學的基金總額在 2001 年只下降了 2.7%,在 2002 年則只下降了 0.5%,這在相當程度上要歸功於傑克・梅爾對股市風險的巧妙規避。

在股市中,很多投資者都為各種不期而至的風險頭痛不已,那麼有沒有什麼辦法可以提前「打預防針」呢?我們可以參考一下以下三個方面:

◯ Lesson 5　機會與風險並存—股票，財富倍增的關鍵工具

一、避免被套牢

1. 壯士「斷腕」。如果你手中所持股票體質不佳，發行該股的企業後勁不足，並且市場形勢相當惡劣，這時一定要忍痛「斷腕」，在陷於深度套牢的局面出現之前，果斷出手止損。

如果你被「套牢」，你會太過執著於利潤得失，整日為其提心吊膽、寢食難安，那麼選擇盡快「解套」才是上上策。金錢乃身外之物，我們炒股是為了讓自己過上更幸福的生活，自己的健康和快樂是無法用金錢換回的。

2. 分批出售。如果你手上的股票被「套牢」，而你這時又無法看清市場趨勢，不妨嘗試「分批解套」的辦法。也就是說，投資者可以將已「套牢」的個股分解，然後分批賣出。

這個方法一來可以降低風險，讓投資者用最少的資金保持觀望；二來還可以選擇其他較為強勢的股票補充倉位，爭取用「強勢股」的利潤平衡「套牢股」的損失。

3. 暫時離場。當市場行情不明時，投資者可以選擇暫時休息一下，靜觀其變。有很多投資者在進入股市之後，一直在買進賣出中不斷循環，殊不知，在市場的影響下，他們很有可能在忙碌中被「熱火朝天」的景象沖昏了頭腦。

選一段時間離場讓自己冷靜，不失為規避風險的好方法。雖然暫時離場可能會使投資者失掉一些獲利機會，但冷靜後得到的清晰思路與清醒的頭腦，對未來的投資會發揮重大作用。

4. 更換股票。如果你手上的股票已漸漸趨向弱勢，短期內再無發力跡象時，可以選擇調倉換股。不要過多考慮它令你蒙受了多少損失，而是要及時地選購其他「強勢股」取而代之，以求獲利，彌補損失。

5. 分析「熱門」。不少新手投資者在初入市時，會選擇熱門股票打響自己的處女戰。

熱門股票雖然能幫不少人獲利，但投資者也要靜下心來進行分析：熱門股之所以熱門，是由它本身的較大資本額決定的，而且它的進出場交易量也非常大，能夠吸引很多投資者紛紛跟進購買。但這種熱度並不會持續很長時間，之後必然開始下跌。

投資者在投資前一定要理性分析所要投資的股票的熱度，不要盲目投資以致被拖累到谷底，無法翻身。

6. 耐心等待。如果你手中的股票體質不錯，投資環境也尚可，股市行情還未脫離「多頭市場」，那麼這時的你可以選擇以不變應萬變，不要糾纏於眼前利益，耐心等待，總會等到股價回升「解套」的那一天。

二、分析股市規律

1. 股市陷入盤局時，只會進行上下突破。股票行情陷入往復盤旋中時，即是陷入盤局。在盤局中，當這種盤旋盤無可盤之時，前方等待的只有兩條路：要麼向上突破，開創新局面；要麼向下突破，繼續下滑。

Lesson 5　機會與風險並存—股票，財富倍增的關鍵工具

向下突破也有其規律可循：首先，有重大利空消息放出時，股民因恐懼而紛紛拋售；其次，在盤局中，大戶率先出清手中股票，然後轉移戰場，剩下的散戶掙扎不久，股價只能下跌；最後，短線操作者在「吃飽喝足」後拋售購票，也會導致股價下滑。

2. 股指起伏進入長時間循環狀態，必有轉折。若股價長時間保持一個循環狀態，必定會發生轉折。比如，若股價已跳離正常認知範圍的形勢大肆上漲時，往往是空頭市場來臨的前兆；同理，若股價一直「死水微瀾」地盤旋，投資者都想賣出所持股票，這也有可能成為股價上漲的時機。所以投資者要細心揣摩這盤局中的奧祕，然後做出正確的選擇，才能讓自己最大限度規避風險。

3. 年底股市會下跌。年底的股市一般會呈下跌趨勢。也許有人會問，年底正是發放獎金福利的時候，眾人手頭都比較寬裕，應該有錢投入股市，為什麼股市還會下跌？其實，從生活方面看，臨近年底時各家都忙於置辦年貨，甚至有的人家還會動用儲備資金，所以不會有太多的錢投入股市；從工作方面看，各大公司為了發放獎金福利給員工，這筆資金綜合起來看也是一個不小的缺口，這時，一些經營情況不太好的公司為了籌措這筆資金，不惜降價出售公司的一些投資資產，比如股票，來滿足年底對資金的需要。

4. 季節股可做黑馬股考慮投資。「季節股」也就是在每年會

逢時出現波動週期的股票,通常具有反覆性。例如,啤酒每到夏季需求量便會大增,這必然會導致其股價上漲;另外在各個重大節日期間,百貨業、糧油等副食企業的股票也會上漲。投資者若能從日常生活中結合股市總結投資規律,不僅能規避風險,也能得到更多賺取利潤的機會。

5. 開盤價和收盤價可做市場參考。投資者可以將股市的開盤價和收盤價作為投資參考。比如,開盤價低而收盤價高的股票,至少能再保持一日的良好上升態勢;而開盤價高收盤價低的股票,後續發力也堪憂。但這只是基於表面的一個分析方法,只能給投資者作為參考,萬不可完全依賴。想要摸出股市漲跌規律的門道,一定還要多方綜合考量才行。

三、堅定信念,不輕信消息傳聞

很多新手股民因為對股票缺乏基本知識和技術,往往過分依賴消息傳聞,聽風就是雨。雖然如今進入資訊時代了,誰掌握了最新消息誰就擁有主動權,但一個合格的投資者要會區分好壞,取其精華去其糟粕,擇取最有效的資訊制定自己的計畫。

具體方法非常簡單,首先,要密切注意國家發表的各項政策,任何政策變動都有可能對股市產生影響;其次,不要過分相信傳聞、小道消息和所謂的內部資訊,這些資訊的來源一般不太可靠,真實度也有待考證;最後,對於一些分析家和「炒股高手」的話也不可盡信,因為市場是時刻變化的,很多分析案例

未必能用在如今的市場中,不過市場前輩們總結的很多經驗教訓是永不過時的,所以投資者要學會分辨。

已經被說到濫的老話——「股市有風險,入市需謹慎」。股市的風險不只面對我們自己,也面對所有人。機會的大門對每個人敞開,雖然前途多艱險,但只要我們能夠理性看待市場,細心學習知識技術,冷靜做出判斷,果斷進行投資,終有一天會得到屬於自己的豐厚回報。

【紅色預警】
當你的所持股出現這些情況,建議及時賣掉

在股市中流傳著一句名言:「會買的是徒弟,會賣的是師父。」這說明賣股票比買股票更有學問。對於股票投資者而言,選擇買入時機固然非常重要,但在何時賣出股票才能決定投資者得到的最終利潤。

在哈佛商學院的某位學生提出「何時才是賣出股票的最佳時機」時,他的教授這樣回答:「賣股票是很難的事,而且非常重要。賣出方法在不同時期又有差別。很多投資人就是因為沒有辨清時機而錯過了營利或出逃的機會。」說完,教授列舉了以下幾點常見的賣出規則。

【紅色預警】當你的所持股出現這些情況,建議及時賣掉

一、買進股票一星期後,股價漲幅超過 50% 時

無論是巴菲特還是索羅斯,投資大師們一致贊同「市場不可預測論」,彼得・林區(Peter Lynch)也曾說:「如果你能保證你的判斷正確率達到 60%,那麼你就可以去嘲笑華爾街所有的人了。」哈佛商學院的教授用「拋硬幣」的遊戲給學生們講解「市場預測」的道理:我們每丟擲一枚硬幣,得到正面的機率是 50%。若把股價上漲率比作硬幣的正面,就意味著股價上漲率也是 50%,換言之,拋得反面,股價下跌的機率同樣是 50%。

教授請五十位學生分別拋硬幣,根據機率,他們將會有二十五人拋中正面,往後再以 50% 機率的方式採取淘汰制。如果這個遊戲不中斷,就總會有人連續丟擲正面,不論他自己是否願意。

雖然股市投資不像拋硬幣這樣簡單,但也說明了機率也會在市場中發揮作用。

對於普通投資者而言,我們自是沒有莊家那份承擔巨大風險的氣魄。我們能做到的只是在自己即將「丟擲反面」時及時收手,畢竟市場趨勢變幻莫測,連投資家尚不能做到準確預測,何況是我們這些散戶?

何況,在股票漲幅達 50% 時所得的收益必將超出利率回報,已算足夠豐厚。追求更大利潤的冒險者可以繼續跟進一試,但保守的投資者要懂得「見好就收」的道理,暫且止步吧。

二、股票漲價非常突然，而且漲幅較大時

對這種漲價方式不正常的股票，應立即脫手，不要留戀。因為某股票在出現這種情況時，很有可能正在受大戶莊家的幕後操控，如果不能及時賣出，待大戶手中的股票全部拋售清空時，投資者就會深陷於大戶設下的陷阱中不能自拔了。

曾經有一位證券界無人不曉的人物，但他卻被政府以「操縱股價、影響證券交易價格」的罪名給予「永久性禁止投資股票活動」的懲罰。

原因在於這位大戶曾收購偏遠地區的身分證，然後利用這些證件到證券公司開戶炒股。在交易時，他利用某交易軟體同時向成百上千個帳戶發出買入指令，雖然涉及金額很大，但因為各戶過於分散，所以並不會引人注意。他就是用這種「帳戶」進行股價操縱，僅用了兩個月時間，就將 A 股票從 9 元拉昇至 25 元，並在高位賣出以獲取暴利。當時的股民張小姐回憶道：「入市初期，對股票沒有甄別能力。朋友聽說該大戶買了千萬股 A 股票，要從當時的 21 元拉昇至 60 元……」張小姐聽到這裡便動了心，於是在股價升至 20 元時大量買入，但沒過多久就暴跌了。這讓張小姐損失了一間房子的錢，如今也沒能賺回成本。

三、股票長期保持持續上漲時

巴菲特曾說：「任何時候，任何東西，當它們一直上漲的時候，人們就會被表象所迷惑……我不知道股市是否還會漲，但

我知道價格越高越要加倍小心，不能掉以輕心，要更加謹慎。」

在很多股民心中都存在著這樣一個意識：每次下跌都蘊含著機會，每次上漲都醞釀著風險。股民要時刻在心中端正自己的認知：我們進入股市是為賺錢，不是為大盤賺指數，所以，盡量不要被持續上升的股指沖昏頭腦——上漲帶來利潤，同時伴隨風險。

四、股價上漲後，行情平穩之時

當股價上漲到一個平穩態勢之時，保守型投資者可以選擇在此時賣出。股價的平穩性並不能一直持續，這一時期說明市場在等待新的方向，之後要麼上漲要麼下跌。

如果之後下跌，那麼投資者可以慶幸自己及時脫身；如果之後上漲，也千萬不要覺得惋惜，認為自己沒有賺到後面的錢就相當於賠了。要明白你這樣做是為了規避風險，你甩掉了可能對自己造成重創的危險，而且也賺到了該賺的錢。

五、成交量由增轉減時

成交量開始減少並持續時，這往往是股價開始下跌趨勢的訊號。

投資者在這裡要格外注意，寧可棄車保帥，也應及時止損。因為股價轉入下跌趨勢時，底部還將遙遙無期。這時一旦被套牢，再想抽身就是難上加難了。

六、股價低於買入價 7% ～ 8% 時

做到這一點對很多投資者來說都是很艱難的事。從心理上說，很多人在面對下跌時都抱著「期待再上漲以挽回損失」的心態，但這種心態往往會害得他們血本無歸。

有投資家透過研究發現，有將近 50% 的牛股在大漲後，最終往往會回到當初的漲點；很多在關鍵點位下跌 7% ～ 8% 的股票在未來回升的機率也比較小。

作為普通投資者，萬不可只將眼光放在少數股票股價大跌後大漲的事例上，應保守遵循通常規則，即將 7% ～ 8% 這個區間作為自己的底線：一旦股價下跌趨勢超過這個底線，就不要再糾結於已損失掉的利益，一定要果斷出手及時止損。要知道，投資的關鍵就是在你蒙受損失時，能夠將損失控制在最小範圍內。

在很多人心中，賣出股票是一件特別痛苦的事。股價大升時怕失去獲利的機會，股價下跌時又怕錯過挽回的可能。被眼前小利所矇蔽的他們往往忘記上漲伴隨風險、止損尤為重要的準則。

作為普通投資者一定要正視賣出股票的意義，它不僅能幫助你營利，最大的作用更是規避風險，保住你的資產。

Lesson 6　輕鬆投資法

—— 基金，讓專家幫你管錢

◯ Lesson 6　輕鬆投資法──基金，讓專家幫你管錢

▍快速了解基金的分類及特點

很多人對基金都不陌生，基金簡單說來，就是將投資者們的閒散資金集中起來交由專家管理的理財投資。若營利，則按份額以不低於 90% 的比例進行分紅；若虧損，投資人就要按份額承擔相應損失。

基金的種類繁多，我們按不同投資角度和需求將其分為以下五大類，然後再細分為各小類來進行介紹。

一、依是否能增加或贖回分為開放式基金和封閉式基金

開放式基金發行總份額不固定，可隨時進行增減，投資者可以按基金報價，向基金管理機構或指定營業場所申購或贖回。

它的特點是：投資者可以自由要求追加購買或贖回；它以基金份額淨值交易，避免了交易價格與淨值不等的現象，確保投資者充分享有基金增值所帶來的利潤回報；它流動性好，投資者可隨時要求變現；資訊透明度很高，方便投資者決策；投資管道非常方便，投資者可選擇基金機構、網路平臺、代銷銀行等進行投資。

封閉式基金是相對於開放式基金的存在，在基金發行前其規模就已確定，在發行完畢後的規定期限內，基金規模保持不變。也就是說，在規定期限內，投資人不得再投入或退出，直到下一輪開放。

它的特點是：基金管理者不用考慮贖回的問題，可以充分利用資金；如果投資者要提前贖回基金，還必須交付相應的違約金；封閉式基金一般在證券交易所上市，投資者要經過二次級市場進行買賣，這也就導致溢價或者折價交易現象的出現，為投資者提供了從中賺取差價的機會。

二、依組織形式分為公司型基金和契約型基金

公司型基金和股票有些關聯，即由基金公司發行股票，再由投資者透過購買基金公司的股份成為該公司股東。投資者可以憑股票領取股息或分紅，分享投資所獲得的收益。

它的特點是：此基金的設立程序和一般的股份公司類似，本身屬於獨立機購，但它透過委託基金管理公司等專業顧問人員來經營和管理。公司型基金的組織結構也與一般股份公司類似，同樣設有股東大會和董事會，並且基金資產歸公司所有。

契約型基金又稱單位信託基金，是指把投資者、管理人、託管人三者作為當事人，透過簽訂基金契約的形式，發行受益憑證而設立的一種基金。基金託管人負責基金的保管和處置，對基金管理人的運作實行監督。

它的特點是以信託契約建立關係，並靠各方當事人之間關係的維護進行投資。與公司型基金不同，它不設董事會，基金管理公司自行設立基金，再指定其他證券公司代為辦理受益憑證。

三、依投資風險與收益分為成長型基金、收入型基金和平衡型基金

成長型基金是基金通常投資於信譽較高、有長期成長前景或長期有盈餘的公司的股票，它追求的是基金資產的長期增值，雖然市盈率和市淨率較高，但價格波動也很大。

它的特點是：選股注重上市公司的成長性，一般注重選擇發展前景良好的企業；它的持股相對比較集中，因為在組合投資的同時，它對某些勢頭良好的股票也保持了較高的持倉比例；此基金收益較高，同時也伴隨較大風險，收益波動呈兩極分化狀態。

收入型基金是主要投資於價值型股票，以獲取當期的最大收入為目的，追求基金當期收入為投資目標的基金。這類基金通常分紅利潤可觀，價格波動小，適合保守型投資者投資。

它的特點是：只投資有價值的證券，獲取最大的利潤；風險小，是保守型的投資方式。

平衡型基金是指以既要獲得當期收入，又追求基金資產長期增值為投資目標，把資金分散投資於股票和債券，以確保資金的安全性和營利性的基金。

它的特點是：既追求長期資本增值，又追求當期收入，所以它主要投資於債券、優先股和普通股，在此基礎上分配較為穩定的組合比例；風險和收益情況介於成長型基金和收入型基金之間。

四、依投資對象分為股票基金、債券基金、貨幣基金、混合基金

股票基金,是指以股票為主要投資對象的基金。它的特點是:投資目的和對象都具有多樣性,與投資者直接投資股市相比,股票基金分散了投資風險,費用也較低。它的流動性很高,變現非常方便,同時經營穩定,收益可觀。雖然它的投資風險比直接投資股市要小,但相對其他基金來說較大,所以投資者請慎重考慮。

債券基金是指專門投資於債券的基金。它透過集中投資者的資金,對債券進行組合投資,尋求較為穩定的收益。它的特點是可以突破銀行對小資金的各種限制,即使在股市低迷之時,債券型基金也能不受影響,保持穩定收益。但有得必有失,當股價上漲時,此基金的收益也像低迷期那樣保持穩定,也就決定了投資者無法藉股市的光得到高收益。另外,投資債券型基金必須走長遠路線,才能得到相對滿意的收益。

貨幣基金是指以國庫券、大額銀行可轉讓存單、商業票據、公司債券等貨幣市場短期有價證券為投資對象的基金。它的特點是:投資風險低,流動性強,是短期投資的理想工具;報酬率通常高於銀行存款利率,交易方便,變現速度快;另外,它的投資門檻很低,任何投資者都可以嘗試。

混合基金是指同時投資於股票、債券和貨幣等市場,沒有明確投資方向的基金。它的風險低於股票基金,預期收益高於債券基金。它實現了在不同資產之間進行分散投資,比較適合

穩健型投資者。它的特點是：可以分享股票的高收益，同時又具有債券的低風險。投資方法和其他基金的方法相同。

五、依投資理念分為主動型基金和被動型基金

主動型基金是以尋求取得超越市場的業績表現為目標的基金，通常由基金管理人透過預測市場走勢找出定價錯誤的股票，以期獲取超過市場平均水準的報酬率。它的特點是：需要投資者頻繁進行股票交易，導致交易成本較高；另外因為基金管理人耗費的精力也比一般基金要多，所以收取的管理費用也很高。

被動型基金就是追蹤某一指數，基本完全按照成份股權重新進行配置的基金。它的特點是：一般選取特定的指數作為追蹤的對象，實行較為消極的管理策略；因不太需要基金管理人費心管理，所以管理費用十分低。

以上介紹的是目前市場上常見的幾種基金分類，還有一些較為冷門的基金分類方式，在這裡就不再一一贅述。基金以較低的風險、相對較高的回報率得到了投資大眾的喜愛。新手投資者可以從中挑選合適的基金作為理財之路的開端，各種類型的基金都有其優勢和特點，選擇時一定要按照自身的風險偏好進行選擇。

哈佛教授手把手教你選擇基金

巴菲特說:「個人投資者的最佳選擇就是買入一檔低成本基金,並在一段時間裡保持持續定期投入,這樣你會擁有一個非常好的投資。」

普通投資者在初次投資基金時,往往會被那冗長的基金名單弄得眼花撩亂,更加不知道該從何下手,其實在這眾多名目中挑選出最適合自己的基金並不困難——當哈佛商學院的學生們詢問選擇基金有何祕訣時,教授為他們羅列了以下參考條件:

一、選擇基金公司

不少投資者把基金選為自己長期投資的理財項目,既然準備把自己的血汗錢長久地交由他人打理,當然要認真選擇一家最好的基金公司。

很多人首先去參考媒體宣傳、他人推薦,然後從公司名單中尋找經營歷史最久的公司,再看它的業績和效益如何——這條路線應該是普通人都會考慮到的,我們只要從中挑出三個主要考察點著重分析,那麼在投資上就不會有太大的偏差。從基金公司的經營治理方面看,一家合格的基金公司必須具備嚴格規範的管理和運作模式,這也是投資者的基金資產安全的保證。我們判斷一家基金公司管理是否符合規範,可以從以下幾個方面考慮:

◯ Lesson 6　輕鬆投資法—基金，讓專家幫你管錢

　　一是該公司的管理結構是否正規，例如董事會和其他分支部門的設立是否合理等；二是該公司對所發行基金的管理、相關資訊報告是否全面、準確、及時；三是該公司是否有不良經營紀錄。基金公司以往的經營業績也是投資者重要的參考因素，試想，如果一個公司連業績都沒有，投資者又怎能放心地把錢交給它呢？另外，由於不少公司旗下同時設立數十隻基金，設立時間有差異，其累計淨值成長也會有所不同，這時投資者可以選擇該基金的某個時段內的淨值成長情況作為參考依據。並且，我們還要選擇那些整體業績穩定的公司，因為「一檔獨秀」的公司並不能證明其管理實力，只有整體出色才能表明它的管理均衡到位，才值得投資者信賴。基金公司的市場形象也是投資者進行評判選擇的重要標準，如果某公司曾被媒體披露過存在交易黑幕，老話說「有一就有二，有二就有三」，只要有過一次這種劣跡就說明其「思想作風不正」，像這樣的公司是我們避之不及的。

　　我們要選擇的是一家形象好、口碑好、信譽好的公司，這樣服務品質能得到保證，也會讓投資者更加放心。

二、選擇投資方式

　　確定了要投資的基金公司之後，我們還需要先從自身情況入手，了解一些投資前的注意事項。

　　首先，我們要了解基金的投資性質。一般來看，基金適合家庭或個人長期投資，這樣所得的收益才能更加豐厚。雖然開

放式基金可以當日申購當日贖回,但一般家庭最好還是選擇中長期投資為宜。例如三至五年,甚至是十年以上。

其次,投資基金所動用的資金應該是家庭閒散資金。如果將全部資產拿來投資,不僅資產分配不科學,未來的收益也會受到一些影響。

再次,我們在選擇基金時不要只著眼於短期表現好的基金,而要多多觀察基金的持續性表現。因為基金適於長期投資,所以後勁不足、不夠穩定的基金是不能有效幫助我們獲利的。

三、選擇基金投資管理人

我們確認了基金公司,選擇了合適的基金,最後就要指定一個信得過的管理人來幫助我們管理投資了。

在基金市場中不乏這樣的現象,某些基金的先天條件並不算好,但經過管理人的努力,一樣能讓投資者獲得收益;也有某些基金,在更換了管理人之後業績隨之出現大幅下滑。這說明選擇一檔歷史業績良好的基金固然是投資根本,而選擇一位成功的管理人對我們的投資成果卻更加具有決定性。

怎樣評判一個基金管理人是否成功呢?首先,要了解管理人的信譽是否良好;其次,要注意管理人是否見解獨到,不要選擇人云亦云只會「跟風」的管理人;最後,不要被管理人的學歷所矇蔽,某些管理人利用海外學歷作為噱頭,可是作為普通投資者,我們需要的不是「面子好看」,而是一個真正能幫我們

○ Lesson 6　輕鬆投資法—基金，讓專家幫你管錢

賺到錢的、有真才實學，而且適合國情的管理人。總而言之，我們秉持這麼多準則的目的，就是為了讓基金幫助自己穩定獲利。以上說到的這些方法僅供參考，投資者可以結合實際情況做出相應調整。比如我們較為青睞大公司也是為了選擇更為優秀的基金，而不是單純慕名跟風，這一點要清楚。

最後我們要記住一點，不管這個公司歷史悠久還是剛剛起步，也不管這檔基金是否曾經著名，只要它的客觀條件能夠滿足我們自己設定的投資目的，就是最佳選擇。

從挑選到購買，你心裡得有個譜

哈佛商學教授蘭德將投資基金形容為「換種方式買股票」，他說：「買基金就是買一堆股票，只不過這些股票是專家幫你挑的罷了。」雖然基金比股票穩健且風險小，但也不是隨便投資就可以的。我們需要按生活所需購買適合自己的基金，讓它的報酬率發揮到最大。基金的投資方式多種多樣，在實際的購買當中也有一些常用的技巧。

首先，不同種類有不同收益，也各有其不同的適齡投資人群，我們按投資者的年齡層進行了以下劃分，提供給讀者作為參考：

一、20～30歲的年輕族群：這個年齡階段的人大多是初涉職場，還沒有存下積蓄，對資產的增值渴望非常強。他們可能

沒有成家,也可能剛剛成家,總之生活壓力不太大,又因為年輕,所以承擔風險的能力也較強,可以將股票基金列為考慮投資的對象。

二、30～40歲的成家立業族群:這個年齡層的人基本都已結婚生子,雖然每月固定收入變為雙份,但有不少家庭需要還房貸,養育子女的支出也非常大,手頭一般沒有閒置資金,所以穩定成長型的貨幣基金或是風險適度但收益不錯的混合基金比較適合他們進行投資。

三、40～55歲的事業有成族群:這個年齡層的人大多工作穩定、事業有成,並且累積了一定的積蓄,他們的投資一般是養老或子女教育儲備的保值增值方向。這類族群的投資要求因人而異,又由於年齡變大的原因,風險承受能力也漸漸發生了變化,所以無法具體界定什麼樣的基金最適合他們。建議此類投資者能夠諮商專業理財顧問進行投資規劃,以量身定做最適合的投資方式。

四、55歲以上的準退休或退休族群,這類族群的收入急遽減少,但積蓄卻相當多。因為自身的收入來源受限,這時積蓄的資產主要是養老儲備功能,所以他們更傾向於資產保值方向的投資方式。無論從心理或生理角度看,老年人都要盡量避免風險投資,所以穩健的債券基金和貨幣基金是他們的最佳選擇。

接下來,我們來說說購買基金的具體流程,首先來說實體銷售管道:

Lesson 6　輕鬆投資法—基金，讓專家幫你管錢

一、投資者可以選擇銀行或基金公司作為購買管道，然後攜帶個人有效身分證件，到所選機購申請開通基金帳戶。

二、開通基金帳戶後，投資者可就地辦理基金交易帳戶。待存入足額資金後，方可購買基金並進行基金交易。

三、購買基金請在基金銷售點的營業時間內進行。不過，不同基金對具體操作的要求會略有不同，所以投資者在購買前，請一定要仔細閱讀證券商的相關說明。

隨著時代發展，網路虛擬平臺提供了人們很大的便利。投資者若是沒有時間去櫃檯辦理，選擇虛擬銷售管道既省時又省力：

一、投資者首先要選擇一家銀行，並開通網路銀行功能。建議選擇有較多基金公司支持的銀行，這樣可供選擇的基金範圍也較大。

二、登入你所選擇銀行的網站或銀行提供的客戶端辦理交易手續，再依網站提示逐步填寫申請，通過後可獲得網路交易資格。

三、在獲取網路交易資格之後，就可以購買基金了。當你想轉換或贖回基金時，也可以按照以上相同步驟進行操作。

四、網路交易有風險，請投資者牢記自己的使用者名稱和密碼、銀行帳號和交易密碼，以防出錯，還要注意做好隱私保護。

然後，我們再來說說基金投資當中的一些門道，下面就列舉常見的幾條供大家參考：

一、依市場趨勢進行靈活調配

投資混合基金時可以將股市行情作為投資參考。如果市場行情低迷，可以提高貨幣基金和債券基金等穩定型基金的投資比重；如果市場行情一路看好，則是投資股票基金的好時機。

即使平時有基金管理人代為管理，投資者也不可完全漠不關心，自己也要多多關注市場趨勢，並作出相應調整，才能得到最大的回報。

二、投資熱門基金要多留意

在股市中觀察可知，大多數買進機會都絕於高漲之時，而在下跌中展開。當人們熱衷於同一種股票時，它離最高點就越來越近了；當人們紛紛退市時，股市很可能會開始反彈，這一點也適用於基金投資。

募集火熱的基金通常業績不佳，募集冷清的基金反而能得到較高收益，這等同於股市的「追漲殺跌」規律。這條僅作為投資者的購買參考，投資時還請結合實際情況認真考慮。

三、基金也有優惠活動

基金公司在首發或銷售期間，為了吸引更多的投資者參與，會辦一些優惠活動。並且，被公司選為促銷的基金往往資質良好，既不用投資者費心「海選」，還能得到優惠，真乃一件樂事。

四、不要盲目以淨值下判斷

初級投資者在投資時會產生「淨值低易漲，淨值高難獲利」的錯誤觀念，其實淨值高低與上漲幅度沒有直接關係。只要基金投資組合方式得當，淨值可無限上漲；如果基金組合方式欠妥，淨值也有下跌的可能。所以切莫以淨值來判斷基金走勢，而是要以市場行情為準。

最後，購買基金還有三個省錢的小妙招：

一、省錢的交易管道。直銷管道（基金公司、證券公司）比代銷管道（銀行、網路銀行等）要便宜，通常直銷管道都會為投資者提供交易費率優惠。

二、多用基金轉換更省錢。基金轉換可能是最便宜的基金交易方式，很多基金公司都有這種業務，比如基金公司網路交易或電話交易的基金轉換功能。這樣做的好處是可以節約交易費用，而且還可以降低機會成本，提高資金使用率，非常適合頻繁交易的投資者使用。

三、電子交易省時間。老話說「時間就是金錢」，省時間即是省錢。若我們選擇去銀行購買基金，很有可能要排隊，而且辦理各種手續也要浪費不少時間，還要算上途中花費的時間，綜合計算下來會白白消耗不少的錢。所以，我們可以透過電子或網路交易來「省錢」，這樣不僅省去來回奔波的時間，也免去了排隊的苦惱，並且某些基金提供二十四小時全天候服務，非

常方便。

以上是購買基金的基本流程和一些常見的技巧，供投資者在實際投資中作為參考，要想成為個中高手，還需要在實踐中學習更多的投資知識！

牢記這幾個關鍵點，基金贖回輕鬆搞定

贖回的時機和技巧直接關係到基金投資的實質回報。對此，哈佛商學院的蘭德教授告訴哈佛學生們：「雖然贖回基金要看自己的意願，但也不是怎樣做都行。當你所購買的基金賺的錢可以達到你的預期目的時，就可以贖回。」贖回基金時，需要密切注意幾個關鍵點：

一、贖回時機

1. 賣出時機要選在行情高漲時。因為基金市場和股市類似，也會受公司狀況、購買者等的影響，進而引導基金的上漲或下跌趨勢。當某基金公司業績不理想、經營狀態欠佳時，必然會影響到投資者的購買熱情，甚至有的投資者無法承受可能的風險壓力而選擇撤市，這時恰是買進的好時機；反之亦然，當基金市場行情高漲時，必然會吸引越來越多的投資者參與其中，盛極必衰，高漲時也正是賣出的好時機。

2. 發現基金管理人有異時，要盡快贖回。因為基金管理人

Lesson 6　輕鬆投資法—基金，讓專家幫你管錢

和投資者追求的利益不同，所以某些管理人會丟棄自己的職業道德，犧牲投資者的利益，以權謀私。如果投資者發現自己的管理人有這樣的傾向，一定要立刻贖回基金，放棄任何挽回的幻想。

3. 結合費率選擇贖回時機。一些管理人為了吸引更多的基金投資者，會針對不同基金設立不同的贖回費率。例如，在持有某些基金滿一定時間後，投資者可以享受費率減半或全免的優惠。所以投資在贖回基金前，一定要弄清楚自己的費率約定，然後再考慮何時贖回最好。

4. 基金的長期業績不佳時，要勇於放棄。基金是一項長期投資收益更大的理財項目，所以投資者對短期收益可以不用太過在意。可是如果它在持續半年或一年後收益仍然欠佳，投資者就要考慮是否贖回了。畢竟在一棵樹上吊死不是明智之舉，一般來講，將目光轉換到業績更佳、表現更穩定的基金上是最好辦法。

5. 定投基金要超過平均成本再贖回。對於投資週期不長的投資者來說，需要在實際盈虧點時特別注意，因為只有贖回時的基金淨值超過此點，投資者才能真正獲利。對於定投基金的投資者來說，因為投資者每期買到的基金份額因市場震盪而不相同，所以，盈虧點應以定投的總金額除以實際購買的基金總份額來估算。

6. 部分贖回好處多。贖回基金時並非必須選擇全額贖回，其實，我們還可以選擇部分贖回或部分轉換。

例如,如果投資者臨時需要用錢,可結合用途確定贖回金額進行操作;當投資者對市場趨勢沒把握時,也可以選擇部分贖回以降低風險,這樣做既確保自己資產安全,也沒有放棄後續可能的獲利機會。

除了這些從經驗中「摳」出的技巧,我們也可以在在途時間上做文章。

二、巧用在途時間

1. 在途時間。基金公司對旗下基金贖回的在途時間不完全統一,有的是 T+3(三個工作日後到帳),有的是 T+4(四個工作日後到帳),如果投資人是因為急用錢而贖回,這難免會帶來很大麻煩。所以,一些資金流動不確定的投資者可盡量選擇在途時間短的基金,以避免未來可能遇到的阻礙。

2. 網路交易。投資者還可以透過網路預約的形式達到贖回目的。現在的很多基金代售、直銷據點都開通了基金投資預約贖回業務,投資者只要提前在網路交易系統上約定贖回價格和時間,那麼不管約定的當日發生什麼意外,系統都會按照約定自動完成交易。

3. 曲線交換。對於基金類別較全的公司,我們可以透過交換方式完成贖回。例如某公司的股票基金實行 T+3,而該公司股票基金和貨幣基金互轉實行 T+0,而貨幣基金一般實行 T+1,我們就可以先將股票基金換成貨幣基金,再申請貨幣基金的贖

回，這樣做就將到帳時間縮短了兩天。

4. 避開節假日。基金的在途時間是以工作日計算的，我們舉例來說明：某基金實行 T+3，如果正好在「春節年假」前申請贖回，那麼就必須等長假後再加三天才可實現資金到帳，這樣就將基金在途時間變成了實際上的「T+10」，所以投資者在申購和贖回基金時要盡量避開節假日。

最後，我們在投資時還需要提醒自己，不要太過盲目，更不要在市場震盪或者投資氛圍緊張的時候過分恐慌。

三、在四個時期內不要盲目贖回

1. 封閉期內的基金。處於封閉期內的基金不要盲目贖回，對於新基金，管理人要利用資金建倉，如果辦理贖回業務會影響到正常的建倉，從而對今後的運作也產生一定影響。並且封閉期內的基金一般只能申購，不接受辦理贖回業務。

2. 市場震盪之時。在證券市場震盪時期要耐心觀望，因為市場的間歇性震盪是正常現象，如果投資者一遇到市場震盪就要選擇贖回基金，就難以實現投資的遠景計畫了。所以投資者在遇到市場震盪時大可不必過度恐慌。

3. 價格上漲之時。在市場前景良好時，投資者可以專心收穫利益。若對市場未來投資趨勢也有把握，應盡量減少頻繁的基金淨值價差操作，這樣既能減少交易費用，同時也能避免投資機會流失。

4.避險期內的保本型基金。在保本型基金的避險期內，盡量不要選擇贖回。因為在避險期內的基金沒有明確規定，這也就導致了投資者在此期間的收益不能得到保證——雖然這看上去存在些風險，但如果投資者選擇在此時贖回基金，不僅不能發揮保本作用，還會損失很多贖回費用。

讀完以上內容，或許有的初級投資者會感到有些迷惑：一會說要在高漲時賣出，一會又說不要在高漲時太過心急。其實，市場趨勢瞬息萬變，每一時刻的表現都不盡相同。這就要求我們必須結合自己的條件、經驗、投資計畫來做出最終的決定。

做好基金組合，哈佛菁英一定會注意的五點

說起基金組合，可能有的人認為規劃起來很困難，因為基金種類繁多，實在理不清；也有的人認為很簡單，不就是做疊加嗎？其實，基金組合學問大，如果組合做得好，投資者就能得到最大回報；如果組合做不好，就會成為投資者的負擔。

門迪羅（Jane Mendillo）從哈佛大學畢業後就職於哈佛管理公司，該公司與哈佛大學直接掛鉤，主要管理大學的基金資產、各種資本和捐贈物。門迪羅受命於金融危機時期，卻在全球經濟皆陷於泥沼之中時挽救了哈佛基金。當哈佛畢業生就此事向她諮商時，她指出：做好基金組合就是最可靠的保險。下面我們就來看看如何進行好的基金組合。

Lesson 6　輕鬆投資法—基金，讓專家幫你管錢

一、組合穩定性

　　任何組合投資中，投資者首先要考慮的都是如何保持投資的穩定性，如果投資穩定性被破壞，那又怎麼保證未來的持續收益呢？所以，投資者要針對自身情況選擇最合適的投資方式，一旦確定後就不要輕易更改，不要因其他投資商品「看上去很好」就隨意換來換去，更不能隨意改變組合中的核心標的。因為核心一旦變動，就會導致原本制定的投資計畫、預測收益、未來遠景都隨之改變，甚至有可能無法實現投資的最終目標。

　　作為上班族的小李既要供女兒上大學，還有讓女兒出國深造的打算。比較適合他的投資組合就是：每年以固定數額買入貨幣基金以做教育儲備金，因貨幣基金流動性強、風險小，可以應付他在日常生活中出現的各種狀況。

　　等存足女兒的學費後，他還要繼續存留學的費用，這筆錢數額較大，所以他可以改變投資策略，採用基金組合定投的方式。在諮商管理人後，他決定購買穩健型的債券基金和指數基金（被動型基金），以獲取更高的投資報酬。

　　由此可以看出，做一個長久的投資規劃，保持基金組合的穩定性，穩紮穩打地進行投資十分重要。每一階段的投資都有其各自要達到的目的，如果不經考慮而擅自改動，這勢必會對未來的投資造成深遠影響。

二、組合種類保持多樣化

讓基金組合種類保持多樣化，不單指在同一類型基金種類中進行選擇。例如上面提到的小李，他所選擇的基金都屬於穩健型，並沒有做到多種類型兼顧，所以即使他選擇購買了三種基金，也並不能稱之為保持了多樣化。

保持基金組合多樣化，就是說要保持基金組合種類的不相關性，從而達到分散投資的目的。

我們來看一下美國投資者哈維蘭失敗的組合方式。哈維蘭將基金投資比作買車，有的車「油箱」很大，但並不一定能幫車主省油。哈維蘭手中共握有十種基金，其中包括三檔大型加拿大股票基金、兩檔新興市場基金、三檔全球基金和兩檔全球債券基金。當我們看到這個基金名單時或許會想，它們一定能夠幫哈維蘭賺到不少錢吧？其實未必。這個組合方式夠大但不靈活。因為在實際市場中，這些基金中的三檔表現出色、三檔非常糟糕、剩下四檔則表現平平。中和一下他可能獲得的回報收益，就能發現他並沒有得到預想中那樣多的利潤。

由此可見，真正的投資多樣化並不是在同一領域內做文章，而是要從各方面入手，達到整體平衡，以求讓它們發揮出最好的效果。

三、組合形式不宜單一

基金組合並不是單純進行產品累積，除了對不同類型的基

金進行組合配置，還可以加投混合型基金或保本型基金。有各種方向的投資相互發揮作用，這樣在投資時「進」可「攻」，「退」亦可「守」，既大膽賺錢，又從容避險。

門迪羅主張建立「營養均衡」的「健康」基金組合。他認為，從營養學角度來看，人若想要保持營養均衡，那麼蛋白質、脂肪、水、維生素、糖等一樣都不能少，這樣才能保持身體健康，增強抵抗力。而基金投資也同樣講究「營養學」。

在門迪羅投資的個人基金組合中，她總共選擇了股票、債券、貨幣、混合四種基金，並且將這些基金結合自身情況進行了比例搭配。如門迪羅希望透過投資增值，所以將高風險高收益的股票和混合基金的比例提高至六到七成，剩下的部分則選擇穩定性強的債券基金做後盾，再選流動性強的貨幣基金以備不時之需。經過這樣的搭配，基金組合就好比均衡營養──既可放心勇往直前，也有「強健體魄」抵禦風險來襲。

從門迪羅的例子可以看到，我們在進行基金組合時，一定要在心中明確主線，我們投資是為了增值，還是為了保值，抑或是為了其他。在確定這個主線後，再從不同類別中精心挑選優秀的基金作為核心，並輔以其他基金組合投資，分別按照需求配置不同比例，這樣才能夠讓我們的投資更加長久。

四、組合產品不要機械化和固化

目前市場上的基金投資商品真可謂是成百上千，不同的基

金種類各有其優勢,風險收益也各不相同。投資者在進行基金組合時,千萬不可太過「執著」,有的投資者執著於基金的名氣,有的投資者或許因投資時間長,產生了「感情」,這些都不可取。我們應結合基金的表現,找出其在組合中產生的差異再做相應調整,切忌盲目跟風。

比如我們在前面提到的哈維蘭,他投資了十檔名聲響噹噹的大基金,可是能帶來收益的卻屈指可數。如果他再不做出相應調整,那麼他的投資將永遠不見起色。所以如果你的組合已經陳舊過時,那就不要猶豫,要果斷改變,去尋找新的投資目標才能有新的未來。

五、組合收益持續性

投資者進行資產投資,最終目標就是提高收益。因此,無論哪一種基金組合,都應將收益最大化作為終極追求。而收益最大化並不簡單指短期內獲得的利潤,更重要的是看它能否長久持續地為投資者帶來利益,所以,投資者在考慮基金組合時,也要重點從收益的穩定性、長期性、持續性方面考慮。

最後要說的是,任何基金組合都是為投資者服務的,怎樣才能讓它服務得更好,還要看投資者自己是否用心打理。俗語說「你不理財,財不理你」,你投入多少就得到多少回報。如果投資者不能對市場趨勢做出分析調整,只原地踏步是無法獲利的。

Lesson 6　輕鬆投資法—基金，讓專家幫你管錢

■「持」基、「養」基一定要懂的技巧

某基金公司曾對旗下基民做了調查，結果令人大吃一驚：在該公司成立的十年間，有近十萬個持有該基金的投資者獲得了 400% 以上的高收益。其中有個引人深思的現象，那就是基金持有人的收益與其持有時間成正比，高收益族群主要集中在累計持倉三年至五年的長期持有人中——也就是說，「持」基時間越久，回報率越大。

無獨有偶，美國哈佛商學院的金融教授也曾做過類似統計，統計結果顯示，換手率低（長期持有不動）的投資者，其收益明顯高出「勤快」交易的投資者們。可見，保持「持有」是幫助基民致富的重要因素，但「持有」也並非簡單「持」在手裡，這裡面也是有些功課要做的。

我們必須事先樹立正確的認知——基金是長期投資更見成效的投資理財項目，這一點很多人都已知道。但是，在投資過程中，很多人往往被眼前利益所迷惑，漸漸遺忘了這條最重要的性質。

在決定「持」基之前，請先詢問自己需要的是什麼：長遠投資還是短期回報；然後，有沒有打「持久戰」的心理準備；能不能對基金做出正面評價；你對基金的期望值是否過高。想清楚以上問題，我們再來談如何更好地「持」基。

一、擺正心態，基金不同於其他理財產品，靠短線操作是

不能獲利的。基金宛如養老保險,是為更加長遠的未來做打算。所以,如果投資想尋求快速收益,還是轉向其他投資方式為好。

二、基金市場的漲跌起伏十分正常,但不似股市那般風起雲湧,投資者大可不必遇到漲跌就無比恐慌,繼而盲目贖回,選擇持續觀望便可。

三、如果你急需用錢或是透過借貸來購買基金,那麼最好見好就收,不要妄想長期持有。他人的錢始終沒有保障,不要認為基金風險小就能湊合投資,一旦將來造成損失,你將追悔莫及。

四、當你遇到基金市場大跌時,一定要沉著冷靜。投資最怕投資者自亂陣腳,千萬不要因一時衝動胡亂操作。

五、基金轉換和逐步加倉是穩定投資的良策,若投資者遇熊市時可參考這個操作,等到雲開月明便是晴天。

六、在基金投資中,建議加倉時對激進型基金(如指數基金)不要盲目跟風,尤其是此類基金中平時表現良好的更要謹慎對待,因為它們往往漲得快跌得更快。

七、你可以把投資基金當作儲蓄,天天關注是好事,但頻繁交易就會影響利息收益,體現在基金上就是盡量不要跟風買漲賣跌。既然你選擇了自己的基金管理人,就要充分相信他能夠幫你處理好這檔基金。

八、在基金表現不好時,你贖回,別人也在贖回,這樣造成大規模贖回現象,會帶給基金公司巨大壓力和困難。所以盡量

Lesson 6　輕鬆投資法─基金，讓專家幫你管錢

不要參與這種盲目的行動，你可以選擇基金轉換，既保留你獲利的空間還節省了贖回費。

列舉了「持」基的一般技巧，我們再來說說「養」基。基金投資貴在長期持有，在我們最終得到利潤回報前，如何才能把它「養」得更好呢？其實非常簡單，無非是我們一直在強調的一些事項，這些事項一樣適用於「養」基。只要投資者能做到正視、不忽視，就一定能做個合格的「基民」。

一、基金是一種長線投資，持有基金貴在堅守，投資者一定要讓這個信念牢牢扎根在心底。巴菲特說：「如果你不願意擁有一檔股票超過十年，那就不要考慮擁有十分鐘。」這句話我們引用在基金上面同樣合適。所以，只要你選擇了基金作為投資對象，就請做好長線投資的心理準備。

二、投資基金不要總考慮是否贖回的問題，因為當你每次因市場原因選擇贖回後，再轉投其他基金也未必是最佳選擇，並且市場喜歡和人開玩笑，往往在你贖回後馬上就見起色，這樣既流失了利潤還多付了手續費，豈不是虧了自己？

三、「養」基的基礎是，你所持有的基金必須要有投資價值，試想，如果你投資了一檔本質差的基金，無論怎麼「養」，恐怕也難見成效。所以，在投資前物色一檔無論基金本質、管理人、投資風格、歷史業績、服務品質都在水準之上的基金，才能為「養好」基金奠定堅實基礎。

四、投資者在進行基金組合投資時，還要時常觀察評估，

一旦發現組合中有不適合整體投資風格的基金應及時做出調整，例如勢頭太過激進或長期處於低迷狀態的基金等，都可以考慮替換。當然，投資組合的轉換還是能避則避，盡量不要影響投資規劃。

　　五、投資者一定要在手中另行儲備閒置資金，以備自己不時之需。首先，生活中的意外狀況總是不期而至，需要用錢的時候要善於調配閒置資金，不要總是打基金的主意；其次，在基金投資中遇到下跌情況時，你還有足夠的錢可以低買補救，不至於束手無策。

　　六、投資者可以選擇定期定額投資法，這樣做不僅能確保投資的持續平穩性，還能夠幫助投資者在遇到市場波動時降低購買成本，減少損失。

　　七、投資者應將基金專家意見作為「選基」標準，因為某些機構會對不同類型的基金進行評級，並且基金專家較為熟悉市場規律，對各個基金的表現與潛力也有相當的認知。投資者除了按個人喜好選擇基金，也務必要參考專家意見，這樣才能避免盲目選擇。

　　在基金市場中，有人將基金獨特的長期投資模式稱為「懶人有懶福」，這話雖是博大家一笑，但其中透露的資訊卻值得我們深思。在基金投資中，要想「持」好、「養」好基金，關鍵要投資者者自己沉住氣，不要將勤快作風帶到基金的買入賣出操作中來，否則就是揠苗助長，苦無收益了。

◯ Lesson 6　輕鬆投資法─基金，讓專家幫你管錢

【紅色預警】
基金投資中一定要規避的迷思

在基金投資中，我們不可避免會進入一些迷思，有時甚至連自己也毫無察覺。這些看似無傷大雅的錯誤很可能會對投資造成相當大的影響，以至於直接造成收益的損失。那麼，在投資中究竟有哪些迷思是較為常見的，我們又應該如何規避呢？

一、每檔基金都相差無幾

基金因風險低、收益穩定而被投資者青睞，卻也因這種溫和給予人「基金大概都差不多」的錯誤印象。其實，基金投資雖然相對股市較為穩健，但也存在牛市與熊市，並且在這種市場起落中，即使是同一家基金公司的各種基金，它們的業績表現也存在天壤之別。

所以，我們在投資基金之前一定要做足功課，比如我們在前幾節提到過的，一定要選擇信譽高、值得信賴的基金公司，然後從中挑選業績表現良好穩定的基金，最後將你的資金委託給稱職的管理人。選擇一個好的基金是投資邁出的第一步，也是最為重要的一步。只有這一步走得穩，才有可能在後續投資中獲得收益。

二、排名靠前的基金好

很多初次投資基金的投資者不了解其中規則，就直白地想

「最紅的肯定是最好的」，於是將目光局限在排名靠前的幾個基金中。其實，基金排名是根據它們的歷史表現列出的評級，並不能確定它們未來的走向。投資者可以將其作為投資參考，可如果把大部分精力都放在排名上，那大可不必。

在挑選基金時，我們不能只片面相信排名，尤其像週排名、月排名這些短期排名來左右自己的決定。我們應該從排名中分析各個基金的表現是否穩定，只有那些長期持續幫我們獲得收益的基金才是最好的投資目標。

三、新基金比老基金有活力

新基金初入市，表現活躍但有風險；老基金可能稍顯平淡但勝在穩定，總之雙方各有優點，不能一概而論。

有些投資者在看到新基金業績優秀時，就毫不猶豫地選擇了新基金，雖然這種做法沒有錯，但還是要多說幾句以供大家參考：首先，老基金有歷史業績可供參考，更方便投資者選出適合自己的基金；其次，新基金在初建倉時，難免會錯過部分市場上漲機會，而老基金則不會出現這種情況；在市場下跌時，新基金因倉位較低，跌幅也會相對小一些。

四、過於迷信明星基金管理人

基金的業績好壞與負責的相關基金管理人密不可分，但在基金投資上，僅靠管理人一人是不行的，他所在的管理團隊也同樣付出了相當多的努力。如今很多基金公司也開始主推團隊

管理，一個出色的團隊能夠將我們的基金打理得更加完善。

五、只憑漲幅決定投資目標

對於初級投資者來說，將基金的漲幅作為重要參考無可厚非，但在基金投資中還有組合搭配一說，不能憑這樣單一的標準做出選擇。

不同類型的基金持倉比例不同，獲得收益也不相同。有的基金作為增值排頭兵，有的基金則做好保底的平攤風險工作就好，所以在選擇基金時千萬不可僅靠漲幅，而是要從多方面考慮，結合自己的投資規劃做決定。

六、以隨意心態投資

「投基金怎麼也比存錢利息高吧！」相信抱著這種心態投入基金市場的人不在少數。可就像「你不理財，財不理你」所透露的資訊一樣，若你只是抱著隨意的心態投資，那也將注定得不到更高的回報。

每個人的血汗錢都來之不易，尤其是當我們想把這筆錢用於投資的時候，就更要慎重對待。基金投資雖說風險低，但也並非沒有風險，所以在投資基金前還需要了解它們的性質，弄清自己的需求，然後再做出選擇。知己知彼才能百戰不殆。

在選擇基金前，要先弄清楚基金的幾大分類，例如收益型和穩健型分別包含哪些基金等。因為不同類型的基金，獲利時限不同，承擔風險也不同，所以不要把所有基金綜合在一起進

行比較,只有按照類別分別進行研究選擇才是更科學的做法。

七、投資低淨值基金最划算

有些投資者認為,淨值低的基金不僅價格低,上漲潛力大,風險也小,投資這樣的基金一定最划算。這個觀念是極其錯誤的。

基金最終收益與買入時淨值並無太大關係,真正對基金產生重大影響的,是投資者有沒有物色到一個出色的管理人,所以投資者不要對淨值說過於相信。決定收益的因素是多方面的,但可以肯定的是淨值不在這些因素之中。

八、靠保本基金讓投資完全無憂

保本基金的「保本」二字無疑會吸引一大批人來投資,但人們往往沒有注意到,市場上的多數保本基金都在介紹中寫明:「投資者在發行期內購買,持有三年期滿後,可以獲得100%的本金安全保證。」這也就是說,保本目的只有在三年後才有可能達到,如果投資者在三年內因急需用錢而贖回的話,還是要承擔手續費的,另外基金的漲跌風險也同樣是不能規避的。所以投資者在見到保本基金時要冷靜分析得失,不要因一時衝動,破壞了投資計畫。

九、股票基金最賺錢

股票基金因比其他類型基金波動幅度更大,而給予人「更賺

Lesson 6　輕鬆投資法─基金，讓專家幫你管錢

錢」的普遍印象。

不過，雖然它有可能取得的收益高，同時風險也非常高，而且它也不能總是保持滿倉操作，再加上會受到股市下跌的影響，很多投資者並沒有在股票基金上獲得多少利潤。所以，對於那些對市場不太了解的投資來說，選擇股票基金請慎重。

雖然投資有風險，但風險最終造成的影響也會因人而異。正如被稱為哈佛財神爺的梅爾曾幫助哈佛基金規避了股市跌潮，將損失控制在了最低範圍之內一樣，同期的投資人中卻沒有誰像他做得這樣好。基金投資雖然相對穩定，但風險也不可小看，歸根結柢，還是要看你如何操作。只要你認真投入，將來必定會得到相應的回報。

Lesson 7　穩健理財之選

—— 債券，低風險穩定收益

◯ Lesson 7　穩健理財之選─債券，低風險穩定收益

債券的特徵和要素

　　債券是政府、金融機構、工商企業等直接面向社會借債籌措資金時，向投資者發行並承諾按一定利率支付利息、按約定條件償還本金的債權債務憑證。

　　因為債券的利息通常會在上市前事先確定，所以這就決定了債券的固定利息性質。各個國家政府都發行自己的債券，而較為典型的政府債券就是國庫券。

　　從債券的簡單概念看，我們可以了解到它的幾個基本構成因素：首先，政府、金融企業等機構作為債券發行人，是資金的借入者；其次，投資者透過購買債券而成為資金的借出者；再次，發行人要在一定時期內對購買者還本付息；最後，債券作為一種債權證明書，具有法律效力。

　　債券雖然種類繁多，但從本質上看都具備相同的要素，就是都明確約定了債權人與債務人之間的權利義務關係，主要表現在以下四個方面：

　　一、債券面值。債券的面值是指債券的票面價值，是發行人在債券到期後，對債券持有人償還的本金數額，也是其按期支付利息的計算依據。債券的面值與債券實際的發行價格並非一定要保持一致：當發行價格大於面值時稱為溢價發行，小於面值時則稱為折價發行。

　　二、票面利率。債券的票面利率是指債券利息與債券面值

的比率,是發行人承諾在未來指定時期支付給債券持有人回報的計算標準。債券票面利率的確定主要受銀行利率、發行者的資信狀況、償還期限、利息計算方法以及當時資金市場的資金供求情況等因素的影響。

三、付息期。債券的付息期是指企業發行債券後的利息支付時間,可以到期一次支付,也可以三個月、半年、一年分期支付。從貨幣時間價值和通貨膨脹等方面考慮,付息期對債券投資者的最終收益有很大影響,如到期一次付息的債券,其利息通常按單利計算;而年內分期付息的債券,其利息按複利計算。

四、償還期。債券償還期是指債券上載明的償還債券本金的期限,即債券發行日至到期日之間的時間間隔。償還期限的設定,要視公司或機構結合自身資金周轉狀況及外部資本市場的各種影響來確定。

我們時常可以在債券發行日看到這樣的現象:在發行機構還未營業時,人們就早已在門外排起了長隊。債券究竟有什麼魅力如此吸引人們呢?下面我們就來說一說債券的優點:

一、安全性高

以最常見的國債為例,它是為籌集國家經濟建設資金、由政府做擔保發行的債券,有國家稅收做後盾,可以說是幾乎無風險,安全可靠。

另外，因為債券在發行之時就約定了到期後可支付本金和利息，所以收益非常穩定。加上有政府擔保，利率波動也較為緩和，非常適合保守型的投資者投資。

二、收益高於銀行存款利率

債券利率一般高於銀行存款利率，這是吸引投資者的重要因素之一。

三、流動性強

上市債券具有很好的流動性。投資者若急需資金，可以直接進入市場進行交易，買賣自由，無時間限制，變現率也很高。

四、操作彈性大

投資者除了靠債券獲得穩定收入外，還可以透過市場交易賺取差價：當利率下跌時，債券的價格就會上漲；當利率上漲時，債券價格又會下跌；當利率沒有變動時，投資者仍可以坐享高於銀行利率的利息收入。

五、可做抵押保證使用

因為國債的安全性非常高，所以銀行接受以國債作為貸款的抵押擔保。債券的信用度要遠高於其他風險性金融資產，這既帶給投資者周轉方面的便利，也為其提供了擴張信用以從事更大投資的機會。

當然，投資債券也不可避免會遇到風險，但相對其他投資

方式來說還是相當穩健的，它主要表現在：債券價格的漲跌會受到利率的影響 —— 利率上漲時會導致它的價格下跌，這就說明債券對抗通貨膨脹的能力稍差，不是做保值投資的首選。

想要投資國債十分簡單，只需要投資者攜帶個人有效身分證件到發售機構開戶即可，發售管道一般有銀行和債券公司兩種。

基於本節所述的種種優勢，債券成為時下許多保守型投資者的首選，並且被公認為是最適合家庭理財的一種投資方式。

影響債券投資收益的八大因素

債券的投資收益雖然受到諸多因素的影響，但是即使在市場上會出現價格波動，也不會像股市那樣令人提心吊膽，這種平穩的投資方式令許多保守型投資者十分嚮往。可若想從中獲得更多收益也不是坐等發行方支付本息這樣輕鬆的。在市場運作中，有不少因素都會干擾投資者的收益趨向，下面我們列舉一些較為常見的因素大致解釋一下，以供投資者參考，避免在投資時走彎路。

一、票面利率

債券的票面利率越高，它的利息收入也就越高；債券的票面利率越低，它的價格就越具有易變性。

而影響到債券票面利率的因素有很多，如該債券發行時的銀

行利率、債券期限、發行者的信用度等。通常票面利率的高低遵循以下規律：發行時的市場利率越高、債券期限越長，票面利率也就越高；發行者信用度越高、債券流通性越好，票面利率就越低。

二、市場利率

債券報酬率的計算公式為：(到期本息和－發行價格)／(發行價格 × 償還期限)×100%，或許對初級投資者來說不是很明白，其實它說明了債券報酬率一個與眾不同的表現，即債券的價格走勢與市場利率呈反向關係，利率漲時債券價格降，利率降時債券價格漲，簡單說就是此漲彼跌。

市場利率變動提供了債券交易賺取差價的機會，投資者若能根據市場規律適時進行債券買賣，就可以獲得更大的投資報酬。判斷市場利率的走勢是投資債券的重要基礎，所以我們更要密切注意，看準時機再出手。

三、投資成本

債券的投資成本主要分為購買成本、交易成本和稅收成本三大部分。購買成本指投資人在投資債券時所投入的本金；交易成本包括各種手續費和經紀人佣金等。目前，雖然國債利息收入是免稅的，但其他債券商品還需另外繳納利息稅、營業稅等稅金，所以稅收也對投資者實際的債券收益產生一定的影響。在通常情況下，免稅債券的到期報酬率比相類似的納稅債券到期報酬率低。

四、供需關係

供不應求的熱門債券必然是備受投資者追捧的對象，購買的人越多，價格也勢必會水漲船高。所以，市場供需關係也是對債券交易價格產生影響的不可或缺因素，會無形拉高投資者的購買成本，我們在考慮投資收益時，市場供需關係也不能被忽略。

五、信貸評級

債券發行的信用度是指債券發行人按期履行合約規定的義務、足額支付本息的可靠程度。一些正規的評級機構會對某些債券發行人的信貸進行評級，投資者在投資前也可以關注這方面的資訊。如果不受其他因素影響，信貸評級較高的債券所給予的利率一般來講會比較低。政府債券因有國家稅收做保證，基本沒有風險，但其他類型的債券沒有這樣堅實的後盾，所以或多或少都存在風險，區別只是有大有小。毫無疑問，信用低的債券無法得到投資者的信任，價值必然較低。

六、債券期限

債券的期限越長，風險也就越高，所以期限越長利率越高。就是說，債券期限長就意味著兌換成現金的時間越長，所以流動性就差。如果你買了長期債券，因不時之需急於變現，但這時債券還遠遠沒有到期，不能流通，這也就變相提高了投資者的投資風險。

七、債券的流通性

債券流通性的好壞對債券價值有重大影響。所謂流通性，指的是債券是否可以順利而迅速地出售，避免其發生價值損失的能力。

如果某債券交易人氣高，流通性好，非常容易出手，這也就降低了它的投資風險；如果某債券出售困難，流通性差，就會壓在投資者手裡，帶給投資者資本損失。所以，流通性好的債券往往擁有更高的投資價值，更受投資者歡迎，利率也越低。

八、國際市場影響

如今經濟全球一體化，國際市場上臺幣升值多少也會對國內債券市場產生干擾，但這不會成為影響債券收益的主要原因。但有一點值得投資者留意，通常國際市場對臺幣升值的預期增強時，國內債券市場會成為海外金融資本搶占國內市場的首選，投資者可趁此時機進行短線操作獲利。

債券市場投資風險較小，收益相對固定，非常適合想獲取固定收入的投資者。然而，市場趨勢從沒人能真正說清，影響投資者收益的因素也會因時勢而變。在這些不可控力量的作用下，投資者應多多結合情勢分析做出理性判斷。

▍債權投資，你必須要了解的三個關鍵詞

　　小宋從哈佛畢業後先是在華爾街做金融結構分析師，幾年後，她離開了華爾街，轉而受聘於瑞士信貸銀行，專門從事債券分析工作。記者曾詢問她對整體經濟的看法，小宋不僅給予了非常正面的肯定，還明確表示未來一定會回國繼續從事金融工作，而且她還特別談起了債券投資，並提供了一些投資的意見。

　　在選擇債券之前，投資者必須了解債券投資的三個理論關鍵詞──久期、到期報酬率和報酬率曲線。

一、久期（存續期間）

　　在我們閱讀關於債券的文章時，時常會看到一個詞：久期。什麼是久期呢？從字面意思揣度，不少人把它解讀成了「債券的剩餘期限」。

　　其實久期也可稱為持續期，與剩餘期限的概念類似，但又有差別，它是衡量債券持有者在收到現金付款之前，平均需要等待多長時間。在投資中，久期概念為投資者掌握投資節奏提供了很大幫助，我們可以利用這個概念來考量債券的利率風險。

　　一個普通的附息債券，如果其票面利率和當前收益相當，則它的久期就等於剩餘年限；對於一個貼現發行（將利息提前發行）的無票面利率債券來說，它的剩餘年限等於久期。所以人們時常把久期與剩餘年限搞混，原因就在這裡。

○ Lesson 7　穩健理財之選—債券，低風險穩定收益

　　在通常情況下，久期和債券的報酬率成反比，和剩餘年限及票面利率成正比。債券的久期越長，利率變化也越大，對債券價格的影響就越大，這一切導致投資風險也同時加大。

　　在降息時，久期長的債券上升幅度較大，這時就應投資久期較長的債券；在升息時，久期長的債券下跌幅度也較大，這時就應轉而投資久期較短的債券。我們可以利用久期作為市場參考，並在行情變化中做出相應判斷，藉此幫助我們在市場的上揚勢頭中獲取更高的利潤。

　　在債券組合投資中，久期也可以作為投資趨勢的參考。比如，一個長久期的債券可以搭配一個短久期的債券，以中和成一個中等久期的投資組合。投資者若想改變久期投資策略，只要增加或減少其中某一久期債券的投資比例即可。只有在確定所投債券的久期後，才能更為靈活地做出組合調整，以達到投資的最終目標。

二、到期報酬率

　　債券到期報酬率是指投資者在購買債券後，一直持有該債券直到滿期日可獲取的報酬率。

　　債券市場雖然相比股市可謂是風平浪靜，但債券也因類型不同而導致期限利率不盡相同，這些差異可能會使新手投資者不知如何是好。不過即使你是新人也不必為此感到焦急，因為到期報酬率可以幫你對債券做出基本選擇。

在投資時，投資者可以事先計算出各個債券的持有期或到期報酬率，然後做出分析比較，甚至也可以和銀行利率做比較，再做出是否投資、投資於哪個方向的決定。

另外，報酬率根據不同需要有很多種計算方法，時下許多金融網站都開通了債券報酬率試算，非常簡捷，為投資者提供了很大便利。

三、報酬率曲線

債券報酬率曲線是描述在某一時點上，一組可交易債券的報酬率與其剩餘期限之間數量關係的一條曲線——表現的是不同期限債券的到期報酬率。我們可以利用報酬率曲線來明確自己的投資對象。

通常，債券報酬率曲線有以下四種表現：

1. 正向報酬率曲線：在某一時點上，債券的投資期限越長，報酬率越高，表明此時的經濟發展處於成長階段。這是報酬率曲線中最常見的一種形態。

2. 反向報酬率曲線：在某一時點上，債券的投資期限越長，報酬率越低，意味著此時的社會經濟進入衰退期。

3. 水平報酬率曲線：報酬率的高低與投資期限的長短關係消失，表明在此時點下的經濟情況極為反常。

4. 波動報酬率曲線：報酬率隨投資期限的差別呈現波浪形變動，也就是說，經濟情況極有可能在未來發生起伏波動。

Lesson 7　穩健理財之選－債券，低風險穩定收益

　　報酬率曲線有助於投資者觀察市場情態，進而規避風險、降低損失、提高收益。投資者可以根據這四種曲線形態預測一段時期內的市場變化，然後再依形勢擬訂投資計畫，或做出投資組合的相應調整。例如，若報酬率曲線保持不變且呈正向上揚，我們可以考慮購買期限較長的債券，另外我們還可以根據曲線的其他表現形態再做相應判斷。

　　小宋提醒諸位投資者，在投資中不可過於依賴這些理論，它們可以作為我們的投資參考，但若將其當作投資的風向球深信不疑，不自己做市場分析的話，投資也是很難成功的。

掌握債券投資時機，遵循五個原則就對了

　　雷內・卡納辛在2011年被哈佛大學任命為資產組合管理團隊的董事總經理，專門負責帶領哈佛大學在債券領域內的投資活動，他對債券投資見解獨到，屢創佳績。卡納辛認為：「若想在投資中獲利，能否瞄準時機並掌握住它是非常重要的。」

　　投資時機的重要性自然不需要再多言。不過，當所謂投資時機真正到來的時候，我們該如何發現並緊緊抓住它呢？

　　卡納辛說：「投資時機每個人都看得到，關鍵在於投資者是否能夠有這種敏銳的意識，如果你沒有這個意識，那麼有再多的投資時機也是無濟於事的。」

上市債券的價格必然會受到多方因素的影響，價格也會波動起伏，如果我們能掌握好時機，就能提高報酬率。在選擇債券投資時機時，一般遵循以下幾個原則就可以了。

一、抓住新發行債券的波動時機

我們首先要知道，債券市場與股市的不同點在於，債券市場的價格體系更為穩定，不會出現大起大落的情況，但還是會有一些因素打破這種穩定，「新債券的發行」就是其中之一。

當某公司發行新債券的時候，發行公司會將「較高的最終收益」作為承諾來吸引投資者，這也是新債券的報酬率總會比老債券稍高的原因。這時，因人為原因而改變價值的新債券投入市場後，市場就必然要為保持價值平衡而做出相應調整，這也就引起了市場價格的波動。

常見的情況是，新債券在上市後往往因為宣傳、政策等原因導致價格逐步上漲，但隨著時間的推移，人們的熱情也逐漸降低，所以實際收益其實是逐步下降的；而老債券相比之下價格會維持不變或下跌，但實際報酬率卻是保持上升——對於我們來說，這恰恰是一個值得利用的規律。我們可以這樣做：在購買新上市的債券後耐心等待，等實際收益的落差逐漸淡去，或者市場調整、價格上漲時再賣出，就能輕鬆得到不錯的收益。

二、銀行利率也是漲跌風向球

債券市場的價格與股市無關，卻極易受到銀行利率的影

響。造成這種現象的原因很好理解：當銀行利率上升時，人們紛紛重拾對儲蓄的信心，於是大量資金就會流向銀行，這就導致債券價格的下跌，反之亦然。

我們在投資時要密切關注貨幣市場的政策變化，多獲取時事資訊，仔細分析可能出現的利率變動訊號。若能趕在銀行降息前或升息時及時買入，則可以獲得豐厚的利潤回報。

三、物價上漲影響債券市場價格

當物價上漲時，人們會將資金投到房地產、黃金等保值投資標的上，這時債券將不再受到人們的注意，還會有不少投資者開始拋售手中的債券以周轉資金，這也就引發了債券價格的下跌。

但是，物價所造成的影響並非永久性的，當物價受到掌控，上漲趨勢緩和並恢復正常時，人們的投資信心也會回歸，債券的下跌也會相應停止。如果投資者能夠抓住這一時點，對市場未來預測十分有把握的話，可以在人們降價拋售債券時買入，再耐心等待債券市場回溫後賣出，得到的收益將會十分可觀。

四、避開人群，搶得先機

在任何投資市場中，都不乏各種跟風的投資者。在他們的心中隱藏著從眾心理，即「大家都投資的就能賺錢」、「跟著大家走準沒錯」等。所以我們也能時常看到這樣一種情況，熱門的品種特別熱門，冷清的品種特別冷清，這表現在債券市場中就是：

當債券市場行情見好時，通常會有大量資金爭先恐後地流入其中，拉昇債券的價格。

我們若能趕在資金流影響債券市場之前搶先投資，在投資群「殺」來之前出手，就一定能夠獲利。

五、以「順勢而為」為準則

市場趨勢不會因個人行動而改變，所謂手臂贏不過大腿，我們作為眾多投資者中的普通一員，只能順勢投資。

很多投資者都存在「追漲殺跌」的心理，這雖然有跟風嫌疑，但也是眾多投資者根據多年投資規律而養成的慣性心態。我們透過分析可以發現，在市場中不論漲還是跌，都會持續一段時間，這個時間或長或短。所以我們可以順勢投資，在市場行情良好時買進，在市場向下突破時賣出。

追漲殺跌還要牢記「及時認清形勢」的原則，千萬不可在行情即將轉折時做出過時的投資決策。

就像卡納辛所總結的，以上所說的這些時機，其實幾乎所有投資者都曾親身經歷過，不同的是成功的投資者可以發現並抓住這些機會，而其他投資者只是任時機從眼前溜走罷了。我們若想在市場投資中獲利，就要擦亮雙眼，爭取不錯過任何一個投資時機。

Lesson 7　穩健理財之選－債券，低風險穩定收益

債券的七大投資方法，總有一種適合你

債券廣為人知的投資方法就是投資者在購買之後，一直等待至到期日兌現。但除此之外，債券投資像其他投資商品一樣，也有自己獨特的買賣竅門。

一、購買持有

購買持有是最簡單的國債投資策略，只需要投資者在市場上購買債券，並一直持有至到期兌現之日即可，另外投資者在持有期間不能進行任何買賣活動。

這種投資策略雖然簡單但也有不可代替的優點：首先，購買持有策略所帶來的收益，是投資者在購買時就已經知曉的，由於收益固定，也就保證了投資者的利益，規避了投資風險；其次，此策略的交易成本低，因為在投資中不能進行交易，所以也節省了手續費，也就相對提高了報酬率。

這種投資方法較為適合不懂市場規律、不熟悉其他投資技巧的人，簡而言之就是更適合對市場趨勢一竅不通的散戶投資者。

二、梯形投資法

梯形投資法又稱等期投資法，就是每隔一段時間，在發行市場上購買一批相同期限的債券，然後按此方法不斷循環。這樣做能使投資者在之後的固定時間裡都能獲得一筆穩定的本息收入。

梯形投資法的優點是：投資者每年都能得到本息，這樣做既確保了自己的穩定收益，還規避了流動性方面的風險，而且通常投資者只需每年進行一次交易即可，這樣就降低了交易成本。另外，即使市場利率發生變化，梯形投資法的市價也不會發生較大波動，從而也確保了報酬率的平穩。

三、三角投資法

小張曾決定在 2000 年進行一次國際旅行，所以她制定了一個債券投資計畫，以確保自己到時能夠實現願望。首先，她在 1995 年購買了四年期債券，在 1996 年購買了三年期債券，在 1997 年購買兩年期債券，這些債券雖然買入時間不同，但它們的共同點在於：全部在 1999 年到期。這樣做不僅使小張能夠收穫固定的本息和，還確保自己有足夠的資金支持旅行計畫。

小張的投資方法就是三角投資法，這個方法就是利用了債券期限的不同，最終所獲的本息和也就不同。

投資者在連續的時間點，對到期期限一致的不同期限債券進行投資，這樣在到期時就能收到預定本息和。這個方法既能使投資者獲得穩定收益，又能使資金在到期兌現後得到順利運用。

四、利率預測法

利率預測法是指投資者預測市場利率的變化，透過拋售所持有國債後再購買其他國債的方式來獲得差價收益的投資法。能否成功使用此方法的關鍵在於，投資者能否準確預測市場利

Lesson 7　穩健理財之選—債券，低風險穩定收益

率變化趨勢和幅度。

這是一種非常主動的投資策略，要求投資者具備豐富的市場經驗和操作技巧。因為在投資中要反覆進行交易，所以交易成本也很高。又因使用該法取得的收益通常不低，所以也廣受投資者歡迎。

高收益同時伴隨高風險，使用此投資方法的投資者很有可能會蒙受較大損失，所以不推薦對市場不熟悉的普通人使用此方法。

五、等級投資計畫法

等級投資計畫法由股票投資技巧引申而來，方法是投資者事先算出買入和賣出的債券價位，然後再根據計算進行投資。

這個方法秉持低買高賣的原則，只要債券市場價格保持波動，投資者就必須按照事先制定好的投資計畫來進行投資。具體操作方法是，投資者要先確定債券變動的幅度作為標準，可以用百分比計算，也可以用自然數，我們以兩元為例：當債券價格下降兩元時，我們就要買入固定數量的債券；當債券價格上升兩元時，我們就要賣出固定數量的債券。

等級投資法是利用債券轉換獲利，它不僅要求投資者時刻注意債券市場價格的行情趨勢，還要依行情恰當確定債券的買賣幅度。另外由於投資者要不停地買進賣出，所以手續費累計下來也不少，以致獲利空間有限。所以，不建議投資者在日常投

資中選擇此方法,既費時也費力,在這裡提及僅供大家拓展視野之用。

六、逐次等額買進攤平法

逐次等額買進攤平法,是指投資者在選定的某一時期內定量定期地購買債券,無論在此期間市場有何波動受何影響,都要堅持購買,這樣可以盡量保持平均投資成本持平甚至略低於平均價格。

假設我們選定某五年期債券,在一個設定投資期限內分五次購買,每次買進一百張。第一次購買時,債券市價為120元,我們買進一百張;第二次我們依然買進一百張,這時的市價為125元;第三、四、五次分別是122元、126元、130元,各買進一百張。

透過計算得知,我們投資的平均成本是124.6元,而該債券現價是130元,我們在這時的收益為:(130 − 124.6)×500 = 2,700(元)。

這個方法要求投資者按規定數額進行投資,還要確保計畫按步實施不間斷,雖然看似麻煩卻可以幫投資者獲得穩定收益。當投資者感到無法預測債券市場的趨勢和波動時,可以選擇此方法進行投資。

七、金字塔式操作法

這是一種倍數買進攤平法。具體操作方法是，當投資買進第一筆債券時，若發現價格下跌可以再加倍買進，並在以後的市場下跌趨勢中，再按比例逐步增加購買數量。這樣做的目的是加大低價債券在總體投資中的比重，降低平均總成本。由於這種方法類似金字塔形狀，故稱為金字塔式操作法。

例如，以 120 元的價格買入某五年期債券共一百張，總投資是 12,000 元。當債券價格下跌至 118 元時，購進二百張債券，總投資是 23,600 元。當債券價格跌至 115 元時，再購進三百張債券，總投資是 34,500 元。以此為規劃，共購買了六百張債券，這樣每張債券均攤的成本是 116.83 元。接下來，只要等待市價超過 116.83 元時再賣出，就可以獲利了。

金字塔式操作法既能適用於債券買入，也適用於賣出。投資者在使用此方法前務必安排好自己的資金使用比例，避免自己在投資中不知不覺投入過多，最後影響到成本的攤平。

以上七種主要投資方法並非適用於所有投資者，比如購買持有不能滿足想獲取更多收益的投資者，而等級投資計畫法因步驟較為煩瑣就不適合工作繁忙的人。重要的是，各位投資者在閱讀以上方法後能夠對債券投資有更新的認識，然後結合自身選擇合適的方法進行投資，就一定能達到目標。

四大常見風險，你該如何規避

在大多數人眼中，風險可以和賠錢畫上等號。但在聰明的投資者眼裡，風險中也包含著獲利的機會。從哈佛畢業的女孩小宋表示：「大多數人都是厭惡風險的，因為他們不是專業的投資者，不會整天埋頭於金融機構的各種繁複的報表中去找投資點。」對於普通投資者而言，如何避開風險可能帶來的傷害顯然更加實用。

債券市場的風險雖不算巨大，若應對不及時也會使投資者蒙受損失。那麼在債券市場中，都有哪些常見的風險需要投資者特別留意呢？

一、利率風險

債券的利率風險，是指由於利率變動而使投資者蒙受損失的風險。

債券市場並非獨立的投資市場，它會受到市場利率的影響：當利率上升時，債券價格就下跌；當利率降低時，債券價格就會上漲。如果投資者不能及時針對利率變化轉變計畫，隨便投資的話，那麼蒙受損失是絕對可以預見的結果。

有的保守型投資者會選擇持有債券直至到期日再進行兌現，只滿足於獲取預期收益，他們沒有意識到，這種投資方式同樣伴有風險。

◯ Lesson 7　穩健理財之選—債券，低風險穩定收益

我們首先要明白，影響利率的因素主要是國家的總體經濟和央行的貨幣政策，所以利率是漲是跌不是人力能左右的，我們能做的就是如何找到更加靈活的投資方式來應對。

我們可以採取分散債券期限的投資方式，分別購買不同的長短期債券，按比例進行投資組合。如果利率上升，短期債券可以得到獲利機會；如果利率下降，長期債券還可以在這時保持較高收益。這和投資理財的基本概念類似，即「把雞蛋放在不同的籃子裡」。

二、物價風險

物價風險是指物價上漲導致通貨膨脹、貨幣購買力下降的風險，從而引發債券貶值。

國外某金融機構曾在 1991 年發行期限為三年、年利率為 10% 的債券，但 1994 年該國進入通貨膨脹，並且通貨膨脹率一度高達 24%，結果是持有該債券的投資者的實際收益全部大大縮水，這一情況對後來債券的發行產生了重大影響。

在通貨膨脹期間，投資者應以票面利率扣除通貨膨脹率而得出自己的實際報酬率。假設債券利率是 10%，通貨膨脹率是 7%，那麼實際報酬率只有 3%。

要想規避物價風險，可以選擇分散投資來分散投資風險，用其他高收益投資平衡可能受到的損失。比如，我們可以將部分資金投資於股票等高收益投資。雖然股市也有風險，但畢竟

債券市場與股市並無關聯,不會發生一損俱損的情況,我們恰恰可以利用這一點來平衡投資。

三、變現能力風險

變現能力風險存在於除國債之外的其他債券上,指投資者能否在短期內以合理價位順利出售債券的風險。

我們可以預想一下,如果你在手持某債券的同時又得到了其他更好的投資機會,你需要周轉資金所以選擇出售債券,但短期內你似乎很難找到願意以合理價格收購的買家,你無可奈何,只得決定打折降價出手,而且你也並非立刻就能找到買家。這樣不僅在成本上蒙受了損失,還有可能讓其他投資機會白白溜走。

想要規避此項風險的投資者可以選擇購買國債,國債因實力雄厚,廣受大家信賴,所以不必為將來的銷路發愁。另外,我們盡量不要買冷門的債券,雖然有些冷門債券有發展空間,但我們投資是為了讓資產增值,而不是「交學費」給市場。而且,我們還要另備一些現金以備不時之需,避免出現急需變現時轉賣債券的情形,因為轉賣通常都不會帶給原持有人回報。

四、違約風險

違約風險,是指債券發行人不能按時支付債券利息或償還本金,從而給債券投資者帶來損失的風險。

違約風險通常發生在企業債券上,這和發行債券的企業經

Lesson 7 穩健理財之選－債券，低風險穩定收益

營狀況有很大關係。當企業陷入虧損時或停止盈利時，往往就難以對債券投資者償還本息。當企業只是違約時，投資者還可以抱一線希望，因為債權人與債務人可以達成延期支付本息的協議，也就是說在未來企業有能力償還本息時，投資者仍然可以獲得收益。但當企業破產時，投資者將有可能遭受部分甚至全部損失。

導致違約風險出現的原因通常是發行公司經營不善或信譽不好，應對這種風險的唯一方法就是遠離品質較差的債券。因為一旦這種風險出現，投資者基本上毫無辦法，這就需要我們在投資之前，必須去了解相關發行公司的營業情況、銷售業績、歷史支付情況等，要準確地將品質不高的公司債券及時隔絕在投資範圍之外。另外，即使我們在持券期也不可放鬆監管，要對該公司的經營情況隨時保持了解，以便在出現苗頭之時能及時做出正確的判斷。

每一個投資者都想獲利，但我們在投資時也要擺正心態，當風險來臨時，並不是所有人都能有效地規避它。如果我們能夠採取適當的措施合理應對，即使某一次投資沒有獲得多少利潤，但只要我們能在風險中保全資本，就是收穫了。

【紅色預警】
債券投資者常見的錯誤投資心理

債券在不少投資者心目中是頗為單純的投資方式，要麼投國債要麼投企業債券，投資方式一目了然。其實，人們在債券投資中一樣存在著心理迷思，這些迷思以極為常見的形態存在於我們的意識之中。下面我們列舉五大債券投資的心理迷思，讀者也可以對照一下自身，看看有沒有說中你現在的心理。

一、國債比儲蓄收益高、不虧本

眾所周知，國債的利息收入免徵所得稅，且利率略高於同期儲蓄存款利率，正是這點成為不少投資者選擇國債作為主要理財工具的原因。其實這就是一種心理迷思，國債雖然優點多多，但並不一定會比儲蓄獲得的收益更多。

我們從時間性質上來說，如果投資者手中有一筆閒置資金，在較長的時間裡沒有其他配置計畫，那麼國債可以成為他投資的最好選擇，但如果投資者手中的這筆資金在短時間內仍有其他用途，或是計畫待定，那麼他選擇另外的投資商品或許更合算。

例如，當我們急需用錢而不得不提前支取國債時，我們不僅得不到利息，還要額外繳納手續費。顯然，在這種情況下反而是選擇儲蓄更加合理了，起碼儲蓄的提前支取是不需要支付

違約金的。所以投資者在選擇投資時不可盲目認定哪個合算哪個不合算，而是要根據個人在未來的資金使用情況分析投資品種的利弊，然後再謹慎出手。

二、國債收益不需納稅

國債收益分為兩種類型：一種是持有收益，也就是民眾熟知的不納稅型國債，投資者在投資這個債券時可以免稅得到持有期間所獲得的利息收入；另一種是債券處置收益，就是指在債券市場上轉讓所獲得的價差收益，按照相關規定要求，這種債券是需要投資者納稅的。

所以，投資者在投資前一定要事先分清收益的種類，了解自己具體投資在哪一方面，避免帶給自己不必要的損失。

四、普通投資者不方便投資企業債券

在生活中有很多投資者認為，企業債券不如國債穩定，不是投資的理想對象。其實，企業債券的發行主體雖是企業機構，但也透過證券市場進行交易。為了吸引融資，發行主體機構一般會用高利率作為回報，所以如果投資者能夠選擇一個好的企業債券，也是能夠從中獲得不錯收益的。

另外，需要投資者特別注意的一點是，企業債券的收益不享受免稅，也就是說它需要投資者繳納個人所得稅，所以我們在投資時一定要將這一點考慮在未來的收益中。

五、小銀行不如大銀行信譽高

在國債發行的日子，我們或許可以看到這樣一種情形：大銀行門前排起長龍，但不遠處的小銀行則是門庭冷落。是什麼原因讓這些投資者寧願在大銀行排隊等候，也不肯光顧小銀行呢？投資者的回答往往是：「大銀行安全。」其實，國債的發行利率是由國家統一規定的，兩種銀行的服務水準也並無太大差距，歸根結柢還是人們的錯誤心理在發揮作用。

中小銀行除了同步發行國債，還會發行企業債券，而此債券的報酬率是遠高於國債的。國外某銀行曾在 2011 年做過資料統計，統計結果顯示，當年該國國債的年報酬率為 0.9%，而企業債券卻高達 4.29%。中小銀行為了吸引客戶，在發行上更偏重於報酬率較高的企業債券，而大銀行側重於風險控制，所以一般局限於發行國債。可見，債券報酬率和銀行規模並沒有直接連繫，所謂收益風險的差異其實體現在資源配置的不同上。

投資者在投資時，如果不涉及債券種類的選擇，就完全不需要為發行機構是否安全保險而擔心。不管從哪個發行方手中購買，國債的本質是不會改變的，所以也不會帶給投資者其他影響。另外，如果投資者打算購買中小銀行發行的企業債券，建議將配置比例控制在本金的 20% ～ 30%。

綜上所述，即使是以穩健著稱的國債在投資時也是需要費一番心思的，如果投資者不能做好自己的資產分配，不了解發行制度，只是抱著隨便的態度投資的話，恐怕是很難獲得相應

○ Lesson 7 穩健理財之選─債券，低風險穩定收益

的回報的。投資者在投資時固然都會有心理迷思或是盲點，我們需要做的就是盡量找到這些盲點並理解克服它，這樣才能為我們鋪平以後的投資之路，以防我們掉進原本可以避開的「陷阱」裡。

Lesson 8　用錢賺錢的新思維

── 外匯投資七步入門

● Lesson 8　用錢賺錢的新思維—外匯投資七步入門

快速掌握外匯投資基礎知識

　　柯夫納（Bruce Kovner）是學者出身，如今他雖是哈佛大學的政治學教授，但許多人都知道他從事外匯交易的輝煌戰績，1987年他在外匯市場投資1,000美元，到了1991年已過百萬。

　　柯夫納成功的因素除了他個人超凡的操作技術，還有一點也尤為重要：「你總該知道你投資的是什麼。」正如他所說，我們在投資外匯前一定要先弄清楚外匯市場的與眾不同之處，知己知彼，才能遊刃有餘。

　　我們首先必須要明白外匯的定義。很多人認為所謂外匯就是外國貨幣，其實外匯的範圍可沒有這樣狹窄。

　　外匯是以外幣表示的用於國際結算的支付憑證。國際貨幣基金組織對外匯的涉及範圍做了以下注釋：外國貨幣、外幣存款、外幣有價證券（政府公債、國庫券、公司債券、股票等）、外幣支付憑證（票據、銀行存款憑證、郵政儲蓄憑證等）。它還具有雙重性質，即動態和靜態。

　　外匯的動態概念是指，貨幣在各國間流動，把一個國家的貨幣兌換成另一個國家的貨幣，藉以清償國際間債權、債務關係的一種專門性經營活動，是國際間匯兌的簡稱。

　　而外匯的靜態概念是指，以外國貨幣表示的可以用作國際清償的支付手段和資產。這種支付手段包括以外幣表示的信用工具和有價證券，

了解了外匯的含義,我們再來看看外匯的作用。

外匯作為國際結算的支付手段,是國際間經濟交流不可缺少的工具,對促進國際經濟貿易發展和政治文化交流都有重大作用。

一、除了黃金具有「世界貨幣」的性質可全球流通外,各個國家因為貨幣政策不同幣種也不相同,所以不能進行購買力的轉移。但外匯市場透過貨幣的轉換交易,提供了不同國家間購買力的轉移機會。

二、外匯交易不僅加速了資金的運用與周轉,消除了國際金融貿易往來的阻礙,還因其特有的清償國際間債權債務的功能,避免了用現鈔清償時的運輸風險和積壓的可能,也正是這一點大大推進了國際間商品交換和資本流通的發展。

三、開發中國家在發展本國建設時,需要利用國際金融市場上的長短期信貸資金,而先進國家的剩餘資金恰好可以利用外匯交易的管道借貸給開發中國家,因此對國家之間的資金缺口有著平衡作用。

有人說,外匯的定義太宏大了,普通人恐怕是無緣投資吧?其實不然。外匯交易市場是全球最大的金融產品市場,採取貨幣對的形式進行交易,比如歐元╱美元、美元╱人民幣。

外匯交易市場的主要優點在於透明度高。因市場上的交易量異常龐大,所以主流資金(如政府外匯存底、外匯投機商的資金操作等)對市場匯率的影響十分有限。並且經過市場分析可

以看到，通常對匯率產生較大影響的原因主要是各國政府變動的貨幣政策，比如央行利率，還有國際組織釋出的權威消息等等。這些影響因素不會被個人左右，所以也就形成了外匯市場的高透明度。

另外，所謂外匯交易市場，其實並沒有具體的工作地點。投資商或個人交易都是以銀行或信託公司透過網路進行的。這就創造了更加方便快捷的投資環境，也就是說世界上的任何金融機構或個人可隨時參與交易，既沒有人員限制，也沒有時間限制。

由此，我們可以得出匯市的兩個主要特點，即全球化市場和二十四小時即時性，也就是說具有空間統一性和時間連續性。

空間統一性是指，由於各國外匯市場都採用現代化的通訊技術來進行交易，這也就使各個市場之間的連繫越來越緊密，進而形成了一個統一的、全球一體化的世界外匯市場。

時間連續性則是指世界上的各個外匯市場，因時差在營業時間上形成相互連結的局面，給予人循環工作的印象，從而能夠保持二十四小時不間斷進行交易，不會為營業時間所限制。

適合普通投資者參與的外匯交易方式主要有兩種：外匯實盤交易（如銀行機構提供的各種業務）和外匯保證金交易。

外匯實盤交易比較簡便，投資者可以透過開設銀行帳戶進行交易。

在交易過程中，投資者還要特別留意金融機構是否存在違

規行為,比如未進行真實性稽核等違背管理規定的現象。投資者在投資前一定要熟讀所委託機構的操作指南,盡量避免涉及違規操作的問題,這既是遵守市場規則,也是保護自己的合法權益。

外匯市場或許給予人高深莫測的印象,但像柯夫納一樣在此發家的人也不在少數。首先我們不能因外匯的高階而膽怯,而是要學習它、了解它,進而投入到實踐當中去,要勇敢地邁出第一步,才會帶來更多生活上的改變。

三分鐘輕鬆搞懂外匯開戶及交易流程

與基金股票等投資商品一樣,投資者在投資外匯之前,首先要做的就是去相關單位開通自己的專屬帳戶,透過帳戶才可以進行外匯買賣。

投資外匯的開戶管道有兩種:

一、銀行外匯開戶

投資者攜帶個人有效身分證件到銀行櫃檯辦理開戶業務即可擁有自己的外匯帳戶。在交易前,投資者要先把臺幣兌換成外幣,然後就可以在帳戶中進行操作交易了。

不過,由於銀行的外匯實盤操作要求全額資金買賣,這就大大降低了資金使用率。另外,銀行的外匯點差(匯率變化時點

數波動的差值）相當高，這就使投資者必須投入較大的交易成本，因此，這也是外匯投資者需要考慮的問題。

二、網路開戶

與實體櫃檯的交易相比，透過網路進行交易既方便又快捷。投資者若想在網路上開戶非常簡單，我們先以金融公司為例詳細說明一下開戶流程。

在這裡，我們僅以國際著名金融公司 TransMarket Group（TMG）為例，向讀者簡單介紹開戶的基本流程。

1. 填寫開戶表格。

填寫並提交官方網站的線上開戶表格，如實填寫個人資訊並附上個人身分證彩色照片；除此以外還需要提交相關開戶證件，需要注意的是證件掃描的字跡和影像要盡量清晰，這樣才能確保你的申請能夠順利通過稽核。做完這一切後，將以上資料提交給網站。

2. 透過電子信箱獲取帳號。

當你通過的稽核後，他們會透過你在個人資訊裡填寫的聯絡方式與你聯繫，並發送帳號與密碼，以及向帳號內注入資金的操作方法等。透過電子平臺註冊需要提供個人電子信箱，該信箱會成為外匯開戶中最重要的憑證，所以投資者一定要提供只供個人使用的信箱，還要做好保密工作。

3. 透過注入資金啟用帳戶。

投資者在接收帳號後,開始注入資金以啟用帳戶。入金方式可以選擇電匯、信用卡、郵寄支票等。一般電匯資金可在兩個工作日內完成入帳,有銀行擔保的支票同樣是在兩日內入帳,個人支票則需要十天左右清算後才能入帳。

4. 透過電子信箱獲得帳戶密碼。

當投資者的資金到帳後,代理商會透過電子郵件發送第二封通知函,告知登入真實交易平臺所需要的登入名和密碼,從此匯市的大門也就真正向投資者敞開了。

在此需要特別提醒讀者,上述 TMG 的例子僅僅是為了說明開戶的基本流程,不構成對讀者開戶選擇的任何推薦。在正式選擇開戶的金融機構之前,投資者務必要再進行詳細的了解和調查,要仔細辨明開戶機構的相關資訊,以避免被假冒網站矇騙。如果有的公司要求投資者以臺幣形式匯款到香港就要特別警覺,因為這十有八九是詐騙公司,不可信。

三、銀行創辦的外匯業務 —— 銀行外匯專屬業務

目前,各大銀行都有對普通投資者開通的外匯投資業務,這其間並無品質高低、是否更為保險的區別,投資者可以結合實際情況(如方便程度)去相關營業點諮商再做決定。

其實外匯看似高階,歸根結柢無非就是讓投資者「生財」的一種管道而已,只要我們能充分了解這種投資管道,認真踏實地進行投資,就一定能夠達到投資的最終目標。

○ Lesson 8　用錢賺錢的新思維─外匯投資七步入門

預測匯率走勢，
你需要學會外匯交易基本面分析

　　所謂外匯交易基本面分析是指研究總體經濟指標、市場以及政治格局等對匯率造成的影響，然後判斷匯率走勢的分析方法。通常，一些國際重大事件會對外匯市場產生相應影響，從而使匯率產生波動。例如在美國「911」事件後，美元就曾大幅貶值。由此可見，學會如何掌握外匯交易基本面是非常重要的，它可以幫助投資者預測匯率走勢，進而對投資規劃做出正確調整。

　　影響匯率的因素有政治因素和經濟因素兩方面。

　　無論是國內還是國際政治局勢變動，都有可能對外匯匯率產生影響。例如伊拉克戰爭等嚴重影響地區局勢的不穩定因素，會對國際貨幣走勢造成負面作用。眾所周知，美元在國際貨幣市場中占據重要地位，因美國不斷干預國際問題，所以一旦地區性紛爭出現，美國將不可避免受到影響，這也就使美國經濟不穩定，影響美元走勢。又因美元在國際匯市的重要地位，市場必然會受其影響產生波動，使國際匯市受到干擾。越是突發政治事件對貨幣走勢的影響也就越大，因為如果某政治事件的影響被人們接受並習慣，自然也就會使匯率慢慢趨向穩定了。

　　除了政治因素，經濟因素也會對匯率產生重要影響，下面我們從五個方面來進行說明：

一、經濟成長差異的影響

國與國或地區之間的經濟並非是平衡成長的,因地域和經濟政策的不同,各地的經濟發展也會呈現不同走勢,所造成的差異就會導致幣種之間出現價值變化。例如,國際市場上常見的美元強則歐元弱、美元弱則歐元強的局面正是最好的解釋。

二、利率的影響

如果一個國家幣種利率上揚,通常該國貨幣會出現走強局面。這是因為利率在整體上決定進出口貿易的利潤,而國際結算主要取決於進出口貿易,所以利率在一定程度上影響匯率的走勢。

三、國際資本流動的影響

從通常情況來看,當一種貨幣的利率高於另一種時,投資者們因較為青睞強勢幣種,所以一般會轉而投資強勢貨幣所在國家的各種金融業務,這種在國際資本之間的單向流動促成了某一幣種匯率走強的局面。

四、市場預期的影響

在外匯市場中,市場預期也會對貨幣走勢產生重要影響。例如2011年3月11日,日本地震之後,日元匯率總體呈不斷攀升的局面,雖然期間會出現短暫下跌,但日元強勢走高仍是大趨勢。造成這種現象的原因是,在日本地震後,市場普遍認為日本主要資金會迴流抗震救災,所以導致日元不斷升值。可

見，市場預期對匯率影響也是非常大的，另外投資者對該國經濟發展遠景的預期也會影響到該幣種的長期走勢。

五、各國貨幣政策的影響

各國政府的經濟政策以及央行的貨幣政策，對該國貨幣的走勢影響重大。我們來回顧一下日本央行干預日元的例子。因日本經濟不景氣，為了刺激經濟發展，日本央行透過增發貨幣以達到使日元貶值的目的，這就需要央行大量購買外匯存底，也恰是這種行為導致美元升值。

在閱讀完以上政治和經濟的兩大方面分析後，下面介紹一些較為常見的指標，投資者在日常投資中也可進行相應的關注。

一、國民生產毛額

國民生產毛額簡稱 GNP（Gross National Product），通俗說就是該國在一年內所創造的所有經濟價值的總和。在一般情況下，GNP 反映了各國的經濟增減狀況，從而影響到投資者對該幣種的信心。例如美國在歷史上出現經濟衰退時，投資者都會產生擔憂，從而導致市場進入低迷狀態，在這種局勢下，美元就會呈現貶值趨勢。

二、商品貿易差額

貿易差額等於出口額減去進口額。隨著全球經濟一體化，各國間的對外貿易對本國經濟發展的影響也在逐步加強，同時

也就會對外匯交易產生影響。

從通常情況看，增加出口會引進資金，這會引起國家財政赤字下降，而這些引進資金就可以看成是「買進該國貨幣」，所以出口額的增加對該國貨幣而言是一個利多消息。

三、就業報告

失業率上升是國家經濟活動衰退的預兆，各國政府非常注重降低失業率，並頒布各種政策、實施一系列方案支持國民就業，意義也就在此。所以，如果投資者透過關注就業報告資訊（勞動力和時薪等），就可以揣測經濟活動變化的方向。

四、工業指標

一個國家的經濟發展主要仰仗工業生產。透過分析市場情況可以得出，一般而言，工業生產步調加速則顯示經濟形勢轉好，這個趨勢通常會帶來利率上揚。

五、個人所得與消費支出

國民的日常薪資所得，選擇消費還是儲蓄以及如何消費，都可以成為分析經濟情況的重要因素。如果大多數國民選擇儲蓄而放棄消費，出於提振經濟的需要，則很有可能導致央行釋出降息令，目的就在於引導國民將資金投入到消費支出中，以加快貨幣周轉、活躍經濟活動。由此可見，國民選擇存錢還是花錢，也能夠成為判斷市場趨勢的風向標。

六、物價指數

眾所周知，物價上漲會引起通貨膨脹，而通貨膨脹又將導致人們轉變投資意向，進而引起債券股票市場的下跌。因匯率會受經濟波動影響，所以物價指數影響匯率已成必然。

七、消費者信心指數

美國密西根大學曾經對消費者進行抽樣調查，調查目的在於衡量消費者對市場的信心和未來的消費傾向程度。如果數據好於預期，那麼就會刺激匯市，帶動美元上揚，其他投資市場也會受其影響出現或大或小的上漲。國家經濟決定投資趨勢，若國家經濟發展堪憂，想必投資環境也並不會非常優越。所以，學會從時事中獲取有用資訊，經過篩選後得到有助於自己投資的資料或理念，對於外匯投資來說是一件非常重要的事。

學會了基本面分析，再來學學技術面分析

外匯投資分析主要分為兩個方面：基本面分析和技術面分析。上一節我們大致解釋了基本面分析，現在就來說說技術面分析。

所謂技術分析，就是指對外匯市場的行情趨勢所進行的分析。與股市有些類似，外匯市場的技術分析也依靠各種曲線形態和邏輯來完成，並以此總結出常見或典型的市場表現，來預測外匯市場的趨勢變化。有人將技術分析的理論基礎設定為「基

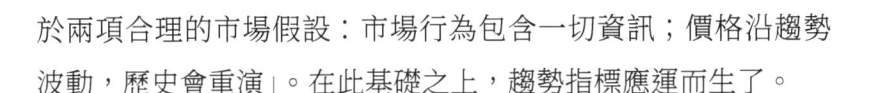

於兩項合理的市場假設：市場行為包含一切資訊；價格沿趨勢波動，歷史會重演」。在此基礎之上，趨勢指標應運而生了。

一、利用趨勢線指標研判

由於在市場投資中，產品價格的走勢比較抽象，所以我們通常會藉助數據或圖形來進行研判，將市場行情鮮明而具體地表現出來，這樣才能為我們的投資增添一層更加有效的保障，同時也有助於提高獲利機率。

趨勢線是指對市場某區間的起伏圖形進行連線，形成一條趨勢線，這樣市場的波動行情就變得一目了然。然後我們再依據該趨勢線進行分析和判斷，以找到更加合適的投資策略。

畫趨勢線非常簡單，下面我們就來介紹一下畫線方法：

1. 選取你想要研究的某時期內的 K 線圖，然後連線圖中的最低點可得到一條直線，稱之為下底線。如圖 1：

圖 1　下底線示意圖

2. 再將所選取的圖中的高點連線起來，同樣可得到一條直線，此為上頂線。如圖2：

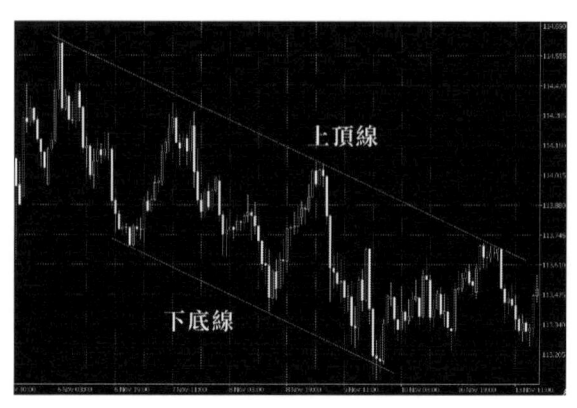

圖2　上頂線示意圖

從圖中可以看出，下底線和上頂線組合起來可得到一個通道區間，雖然在此通道內的價格趨勢偶有異變，但基本大趨勢還是不會出現太大異常的，所以我們可以透過觀察這個區間內的價格波動，來預測市場的變化。雖然實際的研判結果主要依靠投資者個人的分析技術決定，不過趨勢指標目前為止依然是最有效的分析方法。

我們經常會聽到一些投資老手分析價格有可能在哪個點位出現轉折，不知就裡的新手投資者可能會認為這非常神奇，其實，那些「預言家」們的「預言」也是透過畫線得出的結論。

二、支撐線

在分析市場行情時，我們只要掌握基本的兩種線即可，它們

就是支撐線與壓力線。現在先來看看支撐線：選擇 K 線圖的某一時段，將低點和次低點連成一線，就能夠得到支撐線。在畫的時候要注意價格不能穿線，否則市場趨勢預測將會出現很大誤差。

當匯價波動到支撐線附近時，通常會出現反彈，也就是說匯價將停止下跌趨勢，甚至有可能回升，支撐線就是用幾何方式表示了這一市場行為，所以我們可以透過畫支撐線來預測下跌走勢是否會反彈，以及在什麼點位反彈。

例如圖 3：

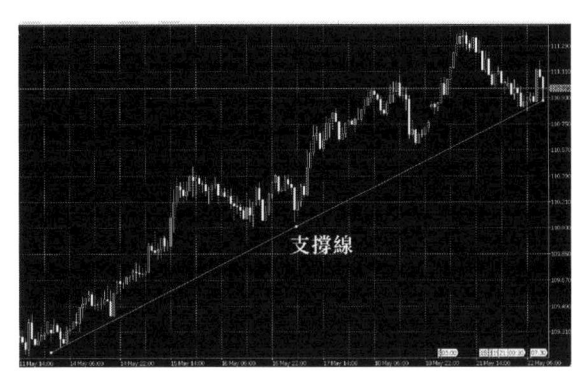

圖 3　支撐線示意圖

三、壓力線

與支撐線剛好相反，我們在 K 線圖上選擇某一時段，將高點和次高點連成一線，就能得到壓力線。

當匯價自下而上波動時，在觸及壓力線之前就會反彈回來向下波動，像是對匯價形成了反壓作用，因而得名。也就是

○ Lesson 8　用錢賺錢的新思維—外匯投資七步入門

說，匯價在接近壓力線時將會停止上漲，甚至還會回落。這個阻止或暫時阻止匯價繼續上升的價位就是壓力線。我們可以透過壓力線預測匯價大致在哪個點位開始下跌。

例如圖4：

圖4　壓力線示意圖

支撐線與壓力線阻止或暫時阻止匯價沿一個方向持續運動的作用。而且，這兩條線之間是可以相互轉化的——當一條支撐線跌破時就有可能成為壓力線，而一條壓力線突破就有可能成為支撐線。

通常我們可以藉助支撐線與壓力線推測三個要點：

1. 匯價在所選時段內的持續期；

2. 在此區域內，匯價的成交量大小；

3. 支撐或壓力區域形成的時間與投資當下的距離長短。

趨勢線能夠幫助我們衡量價格的趨勢，藉由趨勢線的方向，

我們也可以預見匯價未來的走勢。需要注意的是，畫趨勢線雖然簡單，但一定要將重心放在「符合市場趨勢」上，若為了迎合市場而畫趨勢線，那麼這根線則是無效的。

除了趨勢線判斷法，波浪理論和一些技術指標也可以應用到外匯投資中。

如果我們把匯市價格中的上漲下跌態勢，用柔和曲線連起來，就能得到類似於波浪起伏的線，這就是波浪理論。波浪理論的最大優勢就是能比其他技術分析提前很長時間預測到市場頂／底，所以如果能夠掌握這個方法，對投資可是有很大益處的。

除此之外，指標分析（RSI 相對強弱指標、DMI 趨向指標等）頗受資深投資者的歡迎。不過指標分析比較複雜，它需要我們從數學角度利用公式計算得到具體數字，然後透過這些數字進行市場分析，是對分析技術要求較高的一種方法。

以上技術分析僅供大家了解，清楚有哪些方法能夠在外匯投資中有輔助作用。但所謂技術分析也只是分析，不可能十分精準地預測市場趨勢，任何計算都會產生誤差，所以投資者無論選擇哪種技術分析方法深入學習，也不可在操作中產生依賴感，還要累積經驗培養投資感覺，用自己的清醒頭腦進行判斷才行。

○ Lesson 8　用錢賺錢的新思維—外匯投資七步入門

分分鐘學會防範外匯投資風險，不用提心吊膽

隨著外匯市場的蓬勃發展，政府的金融政策也隨之放寬，使得外匯逐漸走進越來越多人的視野。但外匯交易風險相當高，有很多投資者因缺乏經驗，掉進了黑心交易商的陷阱中，損失慘重。怎樣做才能更好地規避風險成了投資者最關心的話題。

一、確保資金安全，慎選交易商

在外匯投資中，大家最關心的問題應該就是自己的資金是否能夠得到保護。如果資金尚不能得到有效保障，又何談後續的投資呢？

很多投資者選擇做國內的外匯實盤交易，所需資金都是交由銀行管理的，無須太過擔心資金安全。但還有一部分投資者選擇外匯保證金交易，在選擇交易商時，我們可以注意以下幾點：1. 對於一些國外的交易商，可以先透過網路尋找他們的網站和國外公司地址，如果相關資料都缺失，並且註冊地點為不知名小國，這十有八九是地下交易商。如果他們同時還將伺服器設在國內，那就趕緊遠遠躲開吧。

2. 如果交易商要求你匯款給不同帳戶，你就要仔細斟酌了，這很有可能是一個陷阱。另外，客戶保證金和交易商帳戶是分離的，必須要透過第三方合作銀行來進行監管。投資者在

投資前，一定要分清這其中的關係。

3. 不要被某些交易商豪華寬敞的辦公室所迷惑，有些地下交易商就是利用面子來「釣魚」的。正規交易商未必擁有多麼大氣的辦公場所，他只要擁有絕佳的操作技術就夠了。要記住你要找的是一個能讓你放心委託的人，而不是一間漂亮的辦公室。

4. 不要迷信海外的交易商。雖然這些地區有許多公司辦理外匯保證金業務，雖然當地政府也有監管，但仍有很多交易商是非正規的。

5. 對於一些正規公司的分公司，投資者要慎重選擇。因為有些總公司雖受監管，但分公司卻沒有，一旦出現問題，總公司未必會負責任。

6. 匯款時一定要看清收款人的全稱，然後再到該交易商註冊地區的監管機構網站考證是否一致，確認所有資料都無誤後再進行交易。

二、熟悉市場規律，防範市場風險

匯市走勢受多方因素影響，沒有人能夠準確預測，它可能長時間盤整，也可能突然劇烈波動。要想規避市場風險其實很簡單，只要做到三點，就能很好地保障自己的投資安全。

1. 精學一種技術分析方法。K線形態分析或技術指標分析都可以，投資者可以根據自己的接受能力進行選擇。

2. 做好資金管理，明白自己的錢哪部分該在什麼位置發揮

作用，並且不要隨意打破已經擬定的管理方式。

3. 以良好平穩的心態投資，不因勝而貪、不因敗而懼，在市場轉捩點來臨時要理智冷靜地應對。

三、調整槓桿比，既防風險又獲利

高槓桿風險是外匯投資中獨有的一種風險，它是指在炒匯時所用的外匯保證金的槓桿比例。槓桿比越高，風險也越大，利潤也就越大！

目前國外主流的外匯交易商的標準帳戶一般採用 100：1 的高槓桿比，也就是說若帳戶滿倉操作，反向波動達到 1% 就會造成爆倉。因此，規避高槓桿比的風險十分重要。

我們不用對高槓桿風險產生恐懼心理，高槓桿好比雙刃劍，可能傷人也可能傷己。我們在實作中，可以透過控制最大持倉來進行調節，例如我們原本可以做到滿倉 50 手，但如果將最大持倉控制在 5 手左右，按主流 100：1 的高槓桿比計算，我們真實的槓桿比就降為 10：1。

有人曾經做過統計，發現盈利帳戶的槓桿比一般在 4：1 到 20：1 之間，我們可以將槓桿比控制在此區間內，既能防範風險還能獲取收益。

四、防範網路風險

投資者在進行外匯保證金交易時，主要都是透過網路進行

交易。這種方法雖然便捷、靈活，但是，如果在我們進行交易的緊要關頭，網路卻突然「當機」──網路中斷、停電！時間不等人，我們不僅無法下單，甚至可能造成無法預料的虧損，這該怎麼辦呢？

有人說可以找交易商商談。其實，在相關規定中早就對此做出了說明：交易商對此是免責的，他們不必為網路故障所導致的損失負責任。既然如此，我們就只能從自身做起，來防範這種無法預知的風險了。

1. 為每一個沒有接盤的頭寸（承諾買賣外匯合約的最初部位）選擇止損項，以防萬一；

2. 你可以將「雞蛋」放在兩個籃子裡，也就是說可以選擇兩家代理交易商，當一家交易商的系統出現問題時，你還有另一家仍活躍在市場中；

3. 熟記交易商的電話號碼，網路不能用時直接電話聯繫，不要心疼電話費。

外匯市場因高風險、高收益而被稱為「勇敢者的遊戲」。其實每一種投資都有風險，關鍵要看投資者能不能理性規避。如果因懼怕風險而畏首畏尾，不僅防不住風險，還有可能把自己拖進萬丈深淵。所以在面對風險時，我們首先要讓自己堅強起來，按部就班逐一應對，才能將這個遊戲玩得更加得心應手。

○ Lesson 8　用錢賺錢的新思維—外匯投資七步入門

祕不外傳的外匯投資策略

　　哈佛大學教授柯夫納雖是學者出身，卻能在外匯市場中闖出一番天地。他僅投入了 1,000 美元本金就變成了百萬富翁。可見，柯夫納的起點和我們一樣平凡，任何家庭可能都拿得出 1,000 美金，重點要看我們如何走自己的投資之路，是否能像柯夫納一樣使平凡變得不凡。

　　在投資中除了要鑽研分析技術，還有一些投資策略也要掌握。「投資策略看似神祕，其實相當簡單，我將做以下說明，希望能夠幫助各位。」柯夫納這樣說。

一、不要以市場為家

　　一位成功的投資家曾說過：「每當我感到精神狀態和判斷效率低至 90% 時，我開始賺不到錢。而當我的狀態低過 90% 時，便開始賠本。這時，我會放下一切讓自己去度個假。」

　　市場好比戰場，很多投資者在入市初期尚能保持判斷的清醒，但隨著戰況越來越白熱化，人們往往是「殺」紅了眼，看不清擺在眼前的格局發展，也無法冷靜地分析未來趨勢。

　　當你發現自己進入這種反常狀態時，可以像那位投資家一樣給自己一個假期，放鬆神經暫別市場，這樣在你某天回歸時就會發現，現在的你擁有一雙更加明亮的眼睛和一個更加清醒的頭腦，在面對接下來的市場混戰時你也將更加自信。

二、拒絕過量交易

過量交易是十分危險的，其原因往往是投資者沒有明確的投資計畫，或者有了計畫也不能堅定地實施，這種毫無責任感的投資所帶來的後果可想而知。

據某媒體調查可知，成功的投資家們通常會給自己留有三倍左右的資金來應對市場變化。試想如果你周轉資金不足，可能就會被迫斬倉，這對後期獲取收益將是非常不利的。所以，如果我們沒有大投資家們那樣雄厚的資金基礎，就盡量精簡自己所持有的交易合約，合約多未必賺錢，合約少也未必賠錢。

三、拋開過去，重視未來

當投資者經過高價位的洗禮後，再面對市場回落後的低價時都會產生一種心理障礙：即使市場前景並不樂觀，他們還是會對先前的高價位懷有期待，認為市場價位終究是能夠回到此高點的，於是非但不進行止損，還一味買入。這樣做只能讓自己越套越深。

過去的行情再好也都過去了，投資者不應被已不存在的美好迷失了心智。要注重眼前，理清頭緒分析未來形勢才是正經事。

四、止損很重要

在外匯交易中，我們可以透過預先掛止損來規避下跌風險。這樣做的意義是：當匯率跌至你所預定的價位時，只要你預先

掛了止損就立即會採取結清的行動。

外匯投資風險高，選擇止損很重要，它不僅限制我們的損失，還幫助我們儲存了元氣。

五、養成記錄的好習慣

將每日的交易內容詳細記錄下來，例如促使你決定買賣交易的原因和契機是什麼，結果是盈利還是虧損等等。如果結果是盈利，那說明你的分析是正確的，在今後遇到相同的情況時，這條紀錄可以幫助你快速做出反應；如果結果是虧損，你可以將當時交易的理由同市場行情結合分析，尋找出錯的原因，這樣再出現類似情況，就可以避免犯相同的錯。

記錄每日交易流程是個累積經驗的好方法，經過日積月累的學習，你的交易技巧一定能得到提高。

六、入場時機錯誤要迅速離場

有些投資者會懷著一種不認輸的心態，即使在錯誤時機進場也依然固執地堅守到底，他們不僅不承認錯誤，還天真地以為只要堅持就一定能迎來希望，於是透過一次又一次的加碼，反而是越補越虧，最終以慘敗收場。所以，投資者在發現市場逆轉的苗頭後，不要留戀戰場，應儘早抽身保全身家。

七、認定的事就不要反悔

有些投資者因為不能確定市場的形勢，再加上自己的立場

也不夠堅定，於是便左搖右擺，不斷推翻自己原有的投資計畫再重建，重建後又推翻，如此反覆無常，最終不僅延誤時機，甚至有可能等來最壞的結局。

在市場投資中，搖擺不定是最大致命傷。投資者只需記住一個最簡單的原則：不要讓風險超過設定的可承受範圍，在損失觸及你的底線之時，立即平倉！不要抱著市場會回頭的希望舉棋不定，要知道市場是頑皮的孩子，你越希望他向你走來，他卻偏要離你遠去。

八、他人的意見不能影響自己

很多投資者對一些投資分析指導異常追捧，雖然熱心學習很好，但如果把這些一家之言一字不差地應用到市場中，就顯得有些愚蠢了。

首先我們要明白的是，你的投資結果永遠都只有你為其負責，市場是沒有錯的，而你更沒有理由抱怨那些「一家之言」，因為它們只供大家參考，沒有人真正拿它們當「聖旨」。當你掌握了市場的基本節奏並有了決定時，不要被別人的意見所干擾，儘管有些意見看似非常合理務實，但真的應用在投資中則可能會產生偏差。

要學會聽取但未必採納他人的意見，在前人經驗的基礎上獨立分析投資方向，併作出決定。不管結果如何，只要自己能對自己盡到責任就好。

Lesson 8　用錢賺錢的新思維─外匯投資七步入門

九、市場不需要風花雪月

一位美國交易員曾說：「一個充滿希望的人是一個美好和快樂的人，但他並不適合做投資家，因為一位成功的投資者是可以將他的感情和交易區別對待的。」

市場是可以使人一夜暴富的奇蹟之地，同時它也是一個無比殘酷的戰場。易衝動、情緒化、喜愛感情用事的人顯然並不適合這裡，雖然這些特性並不能算缺點，但卻可以使一個投資者在市場中永難翻身。

所以，想要做一個合格的投資者，就要正視自己的性格，正視市場，以嚴謹的態度投入到市場交易之中去，這樣才有可能成為贏家。

投資策略就是你前進的羅盤，它時時刻刻都擺在你面前，你可以選擇貫徹也可以選擇無視，只不過這兩種態度會決定你邁向哪種人生。

【紅色預警】
炒匯大亨柯夫納的忠告

在本章最後一節，我們透過柯夫納的訪談來看看這位草根投資家是如何擁有今天的輝煌的。

布魯斯‧柯夫納本職是教師，在1970年代初他曾從政，但

因為對政治不太熱心所以選擇了放棄。後來他開始四處探尋就業方向,最後決定投入金融市場。

柯夫納主要從事外匯交易,不管哪國貨幣,只要有機會他就會進場,每天進出交易量達數億美元是常事。他多年累積下的投資經驗使他對外匯市場有著透澈而獨到的見解,下面我們就藉由他的一篇採訪來剖析外匯投資中的心得體會。

記者:「交易技巧教得會嗎?」

柯夫納:「有一定難度。多年來我訓練了三十多人,但只有幾個成了炒匯好手。」

記者:「那麼其他人呢?」

柯夫納:「全都改了行,不過這與智力無關。」

在投資市場中有一句名言:「忍耐是一種投資。」但並不是所有投資者都能夠理解和做到這一點。在投資市場中,成功的重要因素就包括忍耐,忍耐市場的反覆無常,忍耐一次又一次的失敗並累積經驗。如柯夫納所說,他所教的學生中大多數人改了行,並不是因為他們學習能力差,學不懂相關知識,而在於他們沒有忍耐力,不能耐心判斷市場行情,以致做出不合時宜的決策,同時他們也不能耐心等到得到市場回報的那一時刻。

資本是一種投資,它賦予我們參與到市場投資中的資格。忍耐同樣也是一種投資,如果缺少這項投資的話,你的炒匯生涯也許並不能堅持多久。或許是因為得不到利潤而心急,或

Lesson 8　用錢賺錢的新思維—外匯投資七步入門

許是因為決策錯誤而惱怒，總之你退出市場的結局已基本可以預見。

記者：「成功的人和失敗的人之間有什麼明顯差異？」

柯夫納：「成功者嚴於律己，而太貪的人總是砸鍋。我有位朋友聰明絕頂，就知識方面而言他比我更懂行，但我賺了錢能守住，他卻不行。」

記者：「他的問題出在哪裡？」

柯夫納：「他的進場規模太大。我做一張單，他做十張。每年他總有兩次本金翻倍，但一年下來還是打平。」

俗話說「萬丈高樓平地起」，這在投資市場中是一句精妙格言。對於初級投資來說，不管你多麼財大氣粗，若想在外匯市場中成功也必須從「小錢」做起，一點點加碼慢慢擴大投資。在初期，賺錢是次要的，培養市場感覺、累積經驗才是主要任務。

在這裡給大家介紹一種「金字塔」式投資法。當投資者想要增加投資時，應遵循「每次加碼的數量比上次少」的原則，以「碼數越來越少」的規則逐漸加碼，這看上去就像金字塔的形狀一般因而得名。另外，投資者切記不能盲目在下跌時加碼，如果匯市價格一直走低的話，這種操作方法反而會帶給投資者巨大損失。

記者：「你進場交易時總是靠技術分析嗎？」

柯夫納：「我基本上總是根據市場判斷做單，不單憑技術分

析。技術分析可以作為投資指導，但如果弄不清市場波動的原因，我就不進場。」

外匯交易的目的是為賺錢，而賺錢需要好時機推動，市場不明朗就意味著時局尚處在迷霧之中。此時與其貿然進場兩眼一抹黑，倒不如像柯夫納一樣暫且站在場外保持觀望，一來給自己一個調節情緒的機會，二來不參與市場活動反而能讓人更加清楚而直觀地分析行情。

很多投資者憑著賺錢的一腔熱血恨不能天天守在匯市中，但他們沒有注意到，聰明的投資者通常都在等待機會，時機一到便快、準、狠出手，一擊即中。我們要擺清自己的位置，明白進入市場的最終目標是什麼，難道真是為了享受交易過程的快樂？當然不是！所以為了輕鬆賺錢，也為了自我保護，當我們對市場走向沒有把握時，就寧可不進場。

記者：「你負責運作的錢恐怕比世界上任何交易員都要多，如果遇上一段時期老是賠錢，你會怎麼做？」

柯夫納：「心理負擔的確很大，我隨時都有可能賠掉幾百萬。但你要是把損失看得太重，那就沒辦法再繼續做了。我唯一擔心的是資金運作不善，對於賠錢，只要賠得明明白白，而且完全按交易技巧行事就沒有問題。這不能成為影響我情緒的理由。」

在面對虧損時，有人不怕虧損從頭做起，有人則是受傷至深，揮別匯市。其實，只要是投資就會有虧損，這在市場中幾乎

◯ Lesson 8　用錢賺錢的新思維—外匯投資七步入門

　　是每天都會出現的平常事，並且很有可能不經意地就降臨到你身上。每個人都會面對虧損，而我們能做的就是要保持一個基本心態：接受失敗，面對損失，泰然處之。

　　賺與虧是市場運行的結果，不為人的意志所左右，也不會因為我們的失敗而產生惻隱之心，有句話說「市場不相信眼淚」，正是如此。雖然憤怒、悲傷是人之常情，但只顧發洩這些負面情緒，對後來的投資也不會有任何幫助。如果你還想留在這個市場中，如果你還想借投資外匯取得成功，那麼就要學會吸取教訓、以平穩心態轉向下一階段的「戰役」，這樣你才能得到重生的機會，否則你只能被市場拋棄。

　　記者：「你的投資過程似乎像是在玩遊戲，而不是工作。」

　　柯夫納：「對我來說，市場分析就像下棋，個中樂趣等同精神享受。」

　　對於投資而言，「做不做」是決定整體投資的主要問題，有了邁出第一步的打算，才能繼續制定「怎樣做」的計畫。許多人聽聞外匯收益高而紛紛湧入市場，雖然興趣也可以與利益大小掛鉤，但以利益為基礎的興趣往往非常脆弱，一旦出現虧損就會使人產生放棄的念頭。

　　外匯雖然是生財之道，但涉及的知識面非常廣，例如金融知識、國際時事、市場心理學等等，再加上市場本身所具有的挑戰性，進而組成了一個龐大而又充滿刺激的棋局。我們完全可以像柯夫納一樣，以遊戲的輕鬆心態投入其中，和其他的

投資對手下棋,也和市場下棋,高收益將會成為得勝的附加價值——這樣想的話,你的投資會變得更加有趣。

以「遊戲」心態投資不僅能使投資者放寬視野,平和面對得失,還能使投資變得更加得心應手,何樂而不為?

最後,我們藉柯夫納給投資者的忠告來結束本篇,相信他的經驗一定會給您啟迪:「第一個忠告是,一定要認知到風險管理的重要性,做好風險管理才能將你的損失最大限度地減少;第二個忠告是,少做、少做、再少做,不要貪心,要一步一個腳印地投資,不求快速回報,只求穩中有序;第三個忠告,不要將市場看成是對頭而做傻事,因為市場是超脫的,它不會管你是哭還是笑。」

Lesson 8　用錢賺錢的新思維—外匯投資七步入門

Lesson 9 避免財務陷阱

—— 哈佛教授給投資者的八大忠告

◯ Lesson 9　避免財務陷阱─哈佛教授給投資者的八大忠告

▌投機取巧，是 95% 以上散戶的墳墓

　　說到投資與投機的區別，很多人會很自然地聯想到長線操作與短線操作，在他們的印象中，長線操作是投資，而短線操作就是投機。其實，這僅是從表面上做出的淺顯解釋，更深層的含義還有欠缺。

　　在股市進入大牛市時，不管是會炒股的還是不會的，不管是有錢的還是沒錢的，在看到別人一夜暴富後，都爭先恐後地湧入股市，唯恐落後。在這個時刻，人們眼中只有不斷攀升的那條趨勢線，理智已經不復存在，經驗技術都已成為空談。人們陷入瘋狂的想像中，將所有身家作為賭注，和股市來一場博弈，不是你死，就是我亡。

　　沒錯，投機的實質其實就是一個「賭」字。不管你選擇長線還是短線，只要抱著這種不健康的心態進入市場，既不想學習也不想從基礎做起，一切只是向錢看，這就是投機。

　　在歷史上有許多投機者失敗的例子，結局無不淒涼。華爾街傳奇人物李佛摩（Jesse Livermore）原本風光一世，晚年卻因投機失敗落得自我了斷。他曾在《股票作手回憶錄》（*Reminiscences of a Stock Operator*）中寫道：「投機像山岳一樣古老。」寥寥數字卻道盡投機本質。在歷史長河中，無數投機者在利益與欲望中掙扎，無論他們怎樣改變操作方式，投機的本質都不會改變──始於貪婪的欲望，所以結局也早在開始時就已注定。

投機取巧，是 95% 以上散戶的墳墓

在 1970 年代初，美國政府開始推動「自置居所」政策，由政府提供各種扶持手段，鼓勵民眾自主購房。這本來是利國利民的好舉措，但最終釀成了美國歷史上最為嚴重的一次「房地產泡沫」。

由於政府的支持，無數美國民眾組成購房大軍推動了房屋市場的火爆形勢。各個投資商受到紅利誘惑，紛紛將推土機開到他們能染指的所有地方，一幢幢房屋如雨後春筍般平地而起，一派熱火朝天的建設景象。可是結果又如何呢？無計畫的投資使得市場轉為供大於求，最後造成了著名的「十大空城」。

房地產方面的大規模投機失敗使大量金融機構陷入危機，僅德克薩斯州就有六成以上的儲蓄貸款合作社宣布破產。也是這次房地產泡沫引發了 2008 年金融危機，導致全美經濟衰退和全球經濟危機。

看到這裡，您是不是能夠有所感悟？文中所提到的房地產投資商們在市場上可說是身經百戰，可還是抵擋不住利益的誘惑，既不做客戶調查也不分析市場形勢，只顧一窩蜂地投入到開發浪潮中，這就是非常明顯的投機行為。

由此可見，在商場中摸爬滾打數年的前輩菁英們尚且栽在投機上，何況是既無背景也無雄厚資金支持的散戶小民？對於大投資家來說，投機失敗尚有可能東山再起，但對於普通人來說，投機只會把你帶進墳墓。我們再來看一則投機者的故事。

前幾年，國外大蒜價格上漲，其漲幅之瘋狂程度令人咋舌，

Lesson 9　避免財務陷阱—哈佛教授給投資者的八大忠告

於是人們便將這種現象打趣為「蒜你狠」,相信不少人仍對這件事情記憶猶新。

大蒜漲價讓一些蒜農數錢數到樂開了花,不少種植戶在看到這個景象後頗為心動,所以在第二年拋棄了自家本來培植的品種,改種大蒜;老蒜農更是大大放寬了種植面積。可是,這一年大蒜卻沒有帶給他們好運氣,蒜價直線下降,加上民眾不買帳,便形成了「蒜你賤」的局面。許多蒜農辛苦勞動了一年,最終獲得的收益卻剛好打平;有的蒜農每畝地損失近千元。

蒜農們並不知道,往日的「蒜你狠」是靠「炒蒜」行為帶動的,他們不懂市場趨勢,也不會分析供需關係。他們只知道去年種蒜的人賺了大錢,自己也要搭上賺錢的順風車。雖然被套牢的蒜農很無辜,但這也是實實在在的投機行為,正是這種顧前不顧後的投機使他們一年的勞苦白白付諸東流。

偉大的經濟學家凱因斯(John Keynes)認為:「投資是對資產在其整個生命期內的收益進行預測的一項活動,而投機是預測市場心理的一項活動。」

葛拉漢說:「投資活動是在全面分析的基礎上確保本金的安全又能產生令人滿意的收益,而不能滿足上述條件的活動是投機活動。」

巴菲特告誡人們:「如果你是投資家,你會考慮你的資產或者你的企業情況。如果你是一個投機家,你主要預測價格而不會在意其他。」

可見，投資重在關注企業的成長狀況、市場的趨勢變化、投資者自身的操作技術等，在對這所有因素都胸有成竹後，我們的投資才會更加穩妥。俗話說「知己知彼，百戰不殆」，只有充分了解自己、了解對手、了解戰場，才有可能預測風險進而做出理智的投資。

而投機卻不然，它不需要人們考慮太多因素。以股市為例，逢低就買，逢高就拋，只要能賺到差價，運用什麼手段都無所謂，股票體質如何更是不用考慮。這種方式有些只享受當下、不做長遠打算的意味，就像賭博一樣。

市場投資就是一場大魚吃小魚的策略遊戲，作為散戶投資者，我們本就不具備大戶們的雄厚基礎，如果再淪為投機分子，被人牽著鼻子走的話，那麼成為市場中的「炮灰」基本已成定局，並且可能再也沒有翻身的機會。

所以，我們不能心存僥倖，看到別人賺錢便也去插一腳，或是看到整體性的市場狂歡也想占便宜。記住投資和投機僅一線之隔，要理智清醒地投資，時刻記住自己的最終目標。

巴菲特說「借錢炒股就等於是自殺」

股民們都是帶著發財的夢想進入股市的，抱著多一點投資就有可能多一些回報的心態，也就希望有更多的錢能用來炒股，所以常常是恨不得一分錢掰成八瓣用，若趕上大牛市，更

Lesson 9　避免財務陷阱—哈佛教授給投資者的八大忠告

是連投掉奶粉錢棺材本的心都有。

但普通人畢竟財力有限，看到不斷上漲的股指只能乾著急，空有一腔熱情只愁使不上力氣。於是，有些人想出了個點子——借錢炒股！

但他們似乎忘記了這樣一個事實，這樣做等於把賣出股票的決定權交給了他人，生殺大權由他人掌握。而且，借錢炒股的人往往被暫時的牛市矇蔽了雙眼，只幻想著自己大賺特賺的美景，卻忘記了如果市場形勢急轉直下，到時候又該拿什麼來還債？

有人說，哪有那麼湊巧的事，熊市未必輪到我這盤。我們曾在股票一章中引述了「拋硬幣」得到的有些像神話的機率論。令人沮喪的是，股市偏偏就是一個可能發生這種神話的地方，每個人都有賺錢的機會，同時也都有踩中地雷的可能。

巴菲特家族有個傳統，就是把「欠債」視為一種恥辱，所以巴菲特從來沒有借錢炒過股，他的第一筆投資資金是靠自己賣報紙送牛奶累積起來的，當人們問起其中緣由時，他告訴大家一個帶點恐怖色彩的答案：「借錢炒股就等於是自殺。」關於個中原因，我們可以透過借錢的幾種管道來分別加以說明。

一、向親友借錢

用這種最直接的方式未必能借到大筆資金，況且一旦在股市裡賠光，還要背負人情債。若遇到還款情況不利，一拖再拖，

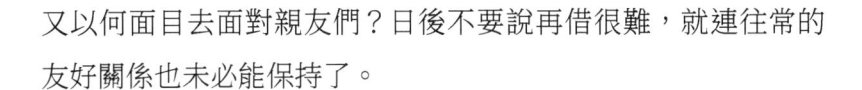

又以何面目去面對親友們？日後不要說再借很難，就連往常的友好關係也未必能保持了。

二、向銀行貸款

小王先將自己的房子作為抵押，向銀行貸款 30 萬元投入股市。原以為趁著牛市能小賺一筆，沒想到還沒來得及將手中股票拋掉，指數就開始大幅震盪，結果是錢沒賺到還多背了一筆帶息債務。

三、信用卡套現

關於信用卡的案件已經有過諸多報導，有人將其形容為「刀口舔蜜」，十分形象。

首先，用信用卡套現要支付一定的手續費，如果到期不能還款就要扣滯納金並罰息。第二，若是在炒股中被套牢無法償還大筆資金，還有被銀行以「信用卡詐騙」的罪名起訴的風險。

四、去當鋪抵押兌現

有人說，既然國有正規管道走不通，那我去私人開設的當鋪抵押總可以吧？

其實，當鋪收取的費率很高，對抵押人的要求也十分嚴格，所以，走當鋪這條路線所導致的後果和上述幾種沒有太大差別。

看到這裡，可能有人還是不以為然，下面我們再來講一個大投資家折戟股市的故事。

Lesson 9　避免財務陷阱─哈佛教授給投資者的八大忠告

著名投資家科斯托蘭尼（André Kostolany）曾在 1950 年代初受牛市誘惑，貸款炒股，結果賠得一敗塗地。

那一年美國經濟飛速發展，股市更是呈現節節攀升的喜人態勢。為了提高利潤，科斯托蘭尼選擇貸款來購買股票，並用光了手中所有儲備資金。出人意料的是，時任美國總統的艾森豪（Dwight Eisenhower）心臟病發作，這一消息直接影響到股市，於是整個華爾街股價下跌幅度高達 20%。就是這一則任誰也無法預測的消息，使科斯托蘭尼損失慘重。

由此可見，大投資家尚且在「貸款炒股」上吃了大虧，又何況是普通散戶呢？不過我們與大投資家可能有距離感，那麼我們再來看一則令人怵目驚心的普通人的真實事例。

國外曾經有一個「兒子炒股虧 30 萬元，54 歲母親欲賣腎賣肝還債」的文章在網路上激起了巨大反響。事情的起因還得從那位母親的兒子借錢炒股說起。

小張本是一位普通的婦人，她育有四名子女，其中大兒子是獨立工作者，後來投入股市。受市場影響，他所持有的股票行情一直不好，他更是被深深套牢難以自拔。經過一番思索之後，他決定借錢炒股。可這筆借來的資金也沒能挽救他，不僅原本的資金沒有收回，連後續投的錢也都虧在了股市裡。小張對記者說：「總共虧了 40 多萬，其中 30 多萬是欠債。」

後來，這位走投無路的母親想到了賣腎換錢，於是她多次輾轉於各大醫院，目的只有一個，就是幫自己的兒子還債。雖

然賣人體器官是違法行為，沒有醫院接受她的請求，但小張沒有放棄希望，依然在努力尋覓買主。她說：「如果失去一個腎能讓兒子重回生活正軌，我覺得值了。」

股市雖是能使人實現財富願望的夢想之地，但它也像個口袋妖怪，可能在不經意間就一口將你吞沒。

我們在投資之前應該樹立正確的投資認知。首先，炒股不是賺錢的捷徑，並非所有人都能在這個戰場中獲得勝利；其次，股市收益高，風險也高，「機率論」在這裡得到了最直接的詮釋，也就是說「你想什麼偏不來什麼」、「你怕什麼反而來什麼」，並且屢試不爽；最後，基於以上兩條，你未必能在股市中賺錢，你也未必能抓到翻盤的機會，所以千萬不要借錢炒股，否則只會讓自己越陷越深。

我們想讓自己變得富有，無非是希望能讓家人過上更加舒適的生活，所以不要為了賺錢而將這個理想本末倒置。要記住我們原本的目標，不要抱著僥倖心理跨越雷池，也不要讓我們身邊最親近的人為了這原本可以避免的禍事而哭泣。

「鱷魚法則」教你如何止損

許多人一定聽過「鱷魚的眼淚」，它講的是鱷魚在吃獵物之前都會流下虛偽的眼淚的故事。在投資市場中，也有一條「鱷魚法則」。

Lesson 9　避免財務陷阱—哈佛教授給投資者的八大忠告

鱷魚法則是交易技術法則之一，它的含義是：假設一隻鱷魚咬住你的腳，如果你試圖用手來幫助自己掙脫，鱷魚便會再咬住你的手。你愈掙扎，就會被咬得越多、越緊。所以，如果鱷魚咬住你的腳，你唯一的生存機會就是立刻犧牲一隻腳，除此之外沒有其他出路。此法則運用在市場投資中，就是指「止損」。

在華爾街流傳著這樣一句話：「止住虧損，讓盈利奔跑。」而哈佛商學院學者也曾說：「學會止損才能生存，然後才能有機會盈利。」可見，止損不僅是我們穩定獲利的保障，在關鍵時刻更是給我們保命的機會。

雖然大多數人都對止損的重要性心知肚明，但在實際投資中，因各種理由放棄止損的慘痛教訓比比皆是。到底是什麼原因讓止損變得這樣艱難？恐怕我們還得從人性的弱點說起。

首先，在面對一瀉千里的跌勢時，有些人在心理上無法接受這種轉變，於是抱著僥倖心理等待轉機的出現；其次，還有的人在最初投資時就沒有好好學習止損的技巧，經常是在該止的時候猶豫，在不該止的時候下手，這就導致了他們在後來的止損操作中持保留態度；最後，止損意味著割肉，意味著眼睜睜看著自己的前期投資打水漂，雖然這可能與後面遭受的損失相比小很多，但太過直觀而血腥的景象實在是震撼人心，以至於大多數人無法跨過這個心理關卡而不能痛下狠手，只好一路跌到底。

其實,我們在投資前要樹立這樣一個認知,不管盈利多少,不管投資過程難易,只要我們在最後保本保元氣,這就是最終勝利,而止損就是勝利的保障。但是,很多人在市場中喪失了理性,一看到漲勢喜入,就將這個認知拋到了腦後。

小高是名牌大學的高材生,畢業後她做起了全職太太,為了打發時間,她投入了期貨市場。在對市場進行了一番調查後,小高選擇了鋅這個標的。

在小高買入鋅的第二日,鋅價連連大漲,這讓小高喜出望外。但到了第三天,價格開始出現小幅下跌。小高安慰自己,現在市場行情很好,這樣的小幅下跌很明顯是盤面調整,不必擔心!再說就算自己被套在市場裡,也總有一天會解套的!在接下來的幾天內,鋅價仍是在下跌、回升之間不斷起伏,這更加堅定了小高的猜測。

風波總在人們毫無防備時來臨,隨著美債和歐債的風險步步逼近,期貨價格也發展為全線下跌。小高雖然心生動搖,但她最終還是堅信自己的預測,認為困境只是暫時的,於是她依然實施買入的投資方式,直到鋅價完全跌停,小高這才如夢方醒。

假如小高在之前的漲跌情勢中進行客觀分析,不沉湎於自己毫無根據的猜測而及時止損的話,她也就不至於落到最後的慘敗境地了。對一位投資新手來說,這筆學費雖然有點昂貴,但還不至於改變她的人生軌跡,也算是萬幸。

從以上案例中我們可以了解到:當你一旦有自己可能犯錯

Lesson 9　避免財務陷阱—哈佛教授給投資者的八大忠告

的意識時,就不要猶豫,立即了斷。不要再找藉口和理由,也不要再懷有期待和願望,擺在你面前唯一的道路就是離場,其他選擇都是錯誤的!

下面我們再來看一則著名證券分析員馬丁‧舒華茲(Martin Schwartz)止損自救的成功案例。

馬丁‧舒華茲的壯舉發生在1987年。在那年的10月16日,道瓊指數下跌了108點,打破了單日下跌幅度的最高紀錄,直到10月19日星期一,形勢依然沒有任何好轉跡象。見此情景,舒華茲並沒有在市場中多加留戀,而是在股指下跌至267點時一口氣賣出手上所有合約,損失達31萬美元,雖然這在當時的美國可謂是血淋淋的慘重損失了,但舒華茲保住了本錢,總算還有東山再起的機會。下跌趨勢到這裡還遠沒有結束,在舒華茲選擇自保後,當日又下跌了201.5點,股指一日內暴跌508.32點,跌幅達22.6%。

舒華茲在以後的日子裡談起這段經歷時,他對自己的「壯士斷腕」感到非常自豪。想起當時的情景,他仍有些後怕:「如果我一直捨不得止損,真難以想像結局會是什麼樣子。」他說的一點也沒錯,因為正是這次股市震盪掀開了美國股災的序幕。

看到這裡,鱷魚法則在您心中的定義是否更加豐滿了呢?

在投資中,前期的錯誤決策所帶來的損失就是被鱷魚咬住的那條腿,如果像小高那樣妄圖追加投資,也就是再陷入以等待轉機,最終一定會被越咬越緊、越賠越多;而像舒華茲這樣,

不糾結於眼前損失，忍痛割掉連累自己逃生的「腿」，才有了他逃出「昇天」的機會。

《左傳》中曾有言：「人非聖賢，孰能無過？過而能改，善莫大焉。」在投資中，因經驗和操作技術所限，普通投資者買錯賣錯都是平常事，誰都會犯這樣的錯。雖然止損令人心痛，但我們不能因為怕痛就不止損。因為只有及時認知錯誤，在陷入困境之前果斷抽身，才能獲得更多的重生機會。華爾街交易員曾經表示：「金融操作賺賠的機會都是二分之一，投資者要控制賠小錢，再設法賺大錢，才是獲利的真正根本。」

關於止損操作，其實非常簡單。首先我們要學會忘記──忘記買入價，不要在昔日輝煌上多加留戀。還要忘記虧損額，不要糾纏於表面的損失，至少你的本錢還在，這就為你贏得了日後的入場機會。

另外，還有兩點需要我們在實作時多加注意：

1. 在進場前就做好止損，或者為產品設定止損功能，或者給自己制定止損底線，總之就是一定要有止損意識，並且將其貫徹到底。

2. 止損也忌盲目，不要見跌就止，要注意結合行情趨勢加以分析。如果投資者面對市場時是霧裡看花的狀態，那倒不如不要進場。

投資有如高空走鋼索，止損就是那條保護我們的生命線。帶著「止損」進市，若我們掉下鋼索時至少還能保命；如果拋棄

「止損」,你將有一半的機會萬劫不復。雖然還有另一半平安無事的機率,但應該沒有人想用自己的所有身家去進行豪賭吧?

▌兩個案例告訴你,「低風險高收益」是陷阱

如今理財產品繁多,各種花樣組合翻新無窮,各界專家也頻頻透過不同管道向人們傳授投資捷徑,例如哪種投資收益更高、哪家機構更值得推薦等。

投資範圍擴大也提供了我們的選擇更廣闊的空間,隨著經濟發展,將會出現更多不同類型的投資商品,但同時,這看似一片大好的形勢也帶給我們新的麻煩──為了爭取客源,許多金融機構紛紛在理財商品上動起了手腳,他們會以「低風險、高收益」作為噱頭招攬顧客,服務內容卻是笑裡藏刀。

小徐參加了 2010 年的理財博覽會,她從某公司的宣傳單上看到該公司產品年報酬率可達 20%,即使是在經濟低迷的年分,也幫客戶拿到了 15% 的利潤,絕對安全可靠。

小徐對此有些動心,便去了該投資產品的座談會諮商。在與工作人員的交談中,她了解到,該理財產品透過全球資源配置來實現收益,並且該公司已有十年歷史,算是比較有保障的。小徐先前投資的基金可沒有這樣高的報酬率,於是便拿出 5 萬元積蓄對該產品進行投資。

工作人員先是請小徐在外資銀行開戶,然後將資金全部轉

進另一個帳戶中。她感到有些蹊蹺,工作人員向她解釋說,這樣做是為了方便海外投資。小徐想,基金公司的海外投資都有限制額度,應該沒有太大問題,便放心地把錢匯入帳戶中。

一個月後,小徐接到了警察局的通知,她所投資的公司已因非法集資被查處,所募集資金也已被相關人員揮霍過半,她所投入的資金很難追回。這個消息對小徐來說猶如五雷轟頂,但事已至此,悔之晚矣。

「天上不會掉禮物」從古至今都被人們掛在嘴邊,可一旦遇到「禮物」真的擺在面前時,這條警句就被拋到九霄雲外了。

我們可以靜下心來想想,凡是投入到金融市場的人們,無一例外都是為賺錢,市場不是慈善機構,不可能有人為了讓大家致富帶頭提供理財產品,然後為你辛苦為你忙,到頭來他自己卻只過了把召集管理的癮。我們想透過更加穩定的投資賺更多的錢本無可非議,可如果對方向你允諾非常高的回報率,那麼他又要從哪裡獲利呢?

2008年底,那斯達克前主席伯納・馬多夫(Bernie Madoff)因涉嫌投資詐騙被逮捕,涉案款項高達500億美元。而且,他的詐騙影響已不僅限於美國本土,甚至波及了英國皇家蘇格蘭銀行、滙豐控股等跨國公司,這實在令人驚嘆 —— 原來大型金融機構也會受騙!

其實,馬多夫的詐騙手段極其簡單,他採用了「龐氏騙局」的詐欺手法。他先用高利率吸引客戶投資,然後再用後續加入的新

Lesson 9　避免財務陷阱－哈佛教授給投資者的八大忠告

客戶的錢支付老客戶的利息，即我們所熟悉的「拆東牆補西牆」。只要新客戶源源不斷地加入，他的騙局就永遠不會被人識破。可是人算不如天算，金融危機的爆發使得大批客戶要求贖回自己的資金，馬多夫周轉不靈，這才使這場驚天大騙局公之於世。

馬多夫式的詐騙案並不罕見，「低風險高收益」總是像一根可口的胡蘿蔔，不斷吸引更多的「驢子」走進陷阱中去。如果你感興趣的投資正好符合下列條件，那還是快快躲避為好：

一、以「低風險高收益」為噱頭吸引投資者；

二、回報速度過快，以此拴住投資者的心；

三、通常標榜自己是「通過相關認證的合法企業」，並且歷史悠久、資產實力雄厚；

四、通常只對海外投資感興趣，那是因為國內沒有投資漏洞供它們鑽。面對這些我們只要記住一條，不管這些騙子吹得如何天花亂墜，都要牢牢記住「天下沒有免費的午餐」。低風險和高收益就如同「魚與熊掌，不可兼得」，低風險低收益、高風險高收益、無風險無收益幾乎是投資市場的鐵則。股神巴菲特經過幾十年的累積，才能保證22%的年報酬率，況且他採取的是組合投資模式，這個賠那個賺，總有利潤互補來保持平衡。對於普通散戶而言，我們不可能做到像股神這樣面面俱到，通常只兩三樣投資就足夠讓我們焦頭爛額了。所以，當你聽到有人鼓吹他們的理財商品收益驚人時，先回頭想想巴菲特的資歷，然後一笑而過就好了。

銀行不會告訴你的十件事情

2011年10月19日,中國一位孫婆婆向媒體投訴,稱自己被騙。令人驚訝的是,這個欺騙孫婆婆的「騙子」竟然是銀行!

事情還要從當年4月分說起。楊婆婆和老伴已年過七旬,靠退休金存了一筆積蓄。他們得知,中國推出了一種「教育儲蓄」業務,只要按照相關規定在指定銀行存入規定數額的資金作為教育專項儲蓄,就可以享受優惠政策。他們經過一番商議,便決定辦理這項業務,作為孫女上大學的基金。於是他們前往某銀行進行諮商,但接待他們的客服人員卻說中國已經取消教育儲蓄,並且還向他們積極推薦一款分紅型保險。客服稱,這款保險只需每年交1萬,續交五年,再過五年,報酬率非常高,和教育儲蓄相差無幾。他們本來對保險推銷十分反感,但一看對方是銀行工作人員,總不會有差池,這才答應購買。

後來,他們隱約察覺事有蹊蹺,便致電銀行要求退保,可對方不是找藉口搪塞就是斷然拒絕。他們沒辦法,又兩次登門申訴,結果還是一樣。

據孫婆婆回憶:「銀行工作人員先扣了我們1萬元,然後叫人帶我們到一間小屋裡簽合約。我們一直以為是銀行工作人員在幫我們辦,辦的也是銀行的業務,事後才發現被騙。」一憶及此,孫婆婆便氣得直發抖:「我們的退休金不多,每年還要交1萬元,這怎麼交得起?再說我們都是快入土的人了,難道還要

Lesson 9　避免財務陷阱—哈佛教授給投資者的八大忠告

我們繼續交幾年的保費？」

在日常生活中，像孫婆婆這樣因信任而被欺騙的投資者不在少數。以孫婆婆的經歷看，她應該是被駐守在銀行的保險業務員騙了，但是，這並不意味著銀行就可以完全推卸責任。銀行作為金融機構，也是要考慮盈利因素的，所以在其推出的各種業務中，同樣會存在陷阱。結合各銀行存在著的實際問題，在此列舉了以下陷阱，希望投資者尤其要加以提防。

一、信用卡還款期限被有意地無視

客戶在刷卡消費時，都會被規定一個還款期限，逾期不還將支付滯納金和相應利息。但是目前，不少銀行並不會在還款期將至時致電提醒你，如果你因忙碌而忘記這件事的話，那麼等期限一過，你就會被追究責任。在中國，曾有某青年因拖欠信用卡帳單被告上法庭的先例。如果銀行在這方面缺乏監管，我們最好從自身做起，搞清楚自己的每一筆支付帳單。

二、片面強調最高預期收益

隨著經濟飛速發展，人們也累積了一定的財富，所以想要做理財投資的人也是日益增多。在良莠不齊的金融機構中，銀行因長期以來的社會影響得到了人們的信任。

但是，有些銀行人員為了拉攏客戶，一味強調高報酬率，他們往往列舉各項歷史資料來向投資人保證一定能夠得到相應回報，而對投資所面臨的風險卻是避而不談。當客戶提出風險

諮商時,他們要麼找理由糊弄,要麼將話題扯回到報酬率上,以致很多初次涉足投資的無經驗客戶被「話術」。是投資就會有風險,所以我們千萬不能只將目光狹隘地放在收益上。

銀行不提風險是為了挽留客戶,如果我們自己再不重視風險問題,那就只能認栽了。

三、預期收益冒充實際收益

各個銀行推出的理財產品看似完美,回報率都相當誘人。可就是在回報率上,銀行也有機可趁。首先我們要明白,市場行情是無法準確預測的,這也就導致報酬率並非就是雷打不動的。有些銀行在宣傳時所提到的報酬率,未必能在最後如實兌現。有媒體曾做出調查:「在上千種理財產品中,有近百款個人理財產品到期並未達到最高預期報酬率,其中,結構性產品最多,占 71.88%。」

所以,我們在投資時不能盲目相信宣傳數字,應該結合自身情況選擇適合自己的理財產品。如果僅為報酬率而盲目投資,到頭來也未必能夠得到預期回報。

四、不同國家不同利率

當我們在海外旅行時,信用卡成為最方便也最快捷的消費工具。我們不僅能在世界各國使用信用卡,並且還能迅速得到現金。

但是,有些國家提高了外匯兌換的利率,並且有的國家更

Lesson 9 避免財務陷阱─哈佛教授給投資者的八大忠告

是會要求使用者支付各種附加費用,而這些政策的改變是不會另行通知的。所以,如果你有出境旅行的計畫,建議先了解一些所到國家的費率問題,以便省去刷卡後的麻煩。

五、理財產品也存在霸王條款

可能有的投資者對此感到疑惑,怎麼連理財產品也開始制定霸王條款了呢?具體都有什麼內容呢?我們先來看一下胡月的經歷。

胡月曾在某銀行購買了一款組合理財產品,在閱讀說明書後,她發現其中有一條規定讓她感到不能接受:「到期年報酬率最高為 4.66%,收益超過 4.66% 的部分,將作為銀行投資管理費用。」胡月表示難以理解:「如果這個產品表現好,收益也應該全歸投資人所有,怎麼能歸銀行呢?如果它表現不好的話,損失是不是就由投資人全部承擔?銀行就不負責任了嗎?」

其實,像胡月遇到的這種「霸王式」理財品種並不少見,銀行透過制定這種條款來掠奪客戶的利潤,不管是否涉及賠本問題,這種行為都會帶給客戶損失。所以,我們在投資某個產品前,一定要仔細閱讀說明書、合約書等,對於有類似霸王傾向的產品,乾脆就不要投資。

六、提前贖回時才知道會賠本

在聽工作人員做產品介紹時,我們通常會在結尾時聽到這樣一句:「如果您突然有急事需要贖回,只需繳納很少的費用即

可。」正是這句不痛不癢的話麻痺了投資者的神經。

有些銀行會用高收益來模糊贖回費用。事實是，當我們需要贖回時，往往會在沒有得到收益的前提下，還要按合約規定的違約金數額搭上自己的本金才能實現，真是得不償失。但這一點銀行工作人員在向你推薦產品時是不會加以提醒的。

所以我們在投資時一定要問清楚贖回的條件，仔細閱讀相關條例，不要因工作人員刻意忽略就不加重視。

七、把禮品作為「甜棗」

如今，許多銀行在推出特別業務時會搭配禮物，常見的有食用油、稻米、蠶絲被等。經過觀察我們可以發現，與這些禮物搭配的通常是風險性較高的產品，有些人不明白其中道理，認為有禮物可收非常實惠，就盲目進行投資，結果常常令人遺憾。

我們在看到優惠性強、派送力度大的產品時，要多問一個為什麼：是什麼原因讓銀行這樣大動干戈？天下沒有免費的午餐，在把你拉進投資陷阱前，當然要先投個「甜棗」當誘餌！

八、信用卡分期付款免息不免費

小張在假日期間購物採用了刷卡的方式。在刷卡前，他曾向銷售員諮商是否能分期付款，得到肯定答覆後才放心地進行消費。但是，在還款時他被氣得無語，因為催帳單上顯示，他除了要歸還相關款項外，還要另外支付手續費。小張所購買的

Lesson 9　避免財務陷阱—哈佛教授給投資者的八大忠告

商品需要分十二次付款才能結清，要是每次都支付手續費，這也是一筆巨大開支啊！

有些銀行在信用卡業務上允許分期付款，這方便了許多一時手頭緊的人，但是有一點它們沒有說明，那就是不管你分多少次還款，手續費都是必然要支付的。這樣算下來，我們未必得到了實惠，反而還多花了冤枉錢。

九、使用風險由客戶自己承擔

美國的傑克森先生在旅行時選擇搭乘汽車。由於語言障礙、現金不足，他選擇刷卡消費。為他服務的司機共刷了三次卡，每次刷卡是否成功，傑克森先生並不知道。但可以肯定的是，如果每次刷卡都成功，他將支付三倍的車費，而銀行對此損失將不會承擔責任。

在中國，也發生過某女士存摺被盜、所儲資金被小偷全部提領的事件。該女士質問銀行，小偷既沒有她的印鑑，簽名也不相符，究竟是怎樣拿到錢的？但銀行卻埋怨該女士個人財產保管不善，並表示銀行不對此類風險承擔責任。

對於這類蠻不講理的條款，作為弱勢一方的個人目前還沒有更加合適的應對策略，只能自己多多留心。

十、一張身分證多個帳戶

一張身分證辦理多個帳戶在現代社會是正常現象，但有些不法分子卻可以拿著複製的假身分證進行開戶登記。中國已報

導過相關案例，許多詐騙分子靠假身分證辦理信用卡行騙，某女士突然接到銀行催款單，但她卻並未消費過，是有人偽造她的身分證辦卡進行消費⋯⋯此類事件不勝列舉。如果碰上了這樣的倒楣事，雖然可以透過法律途徑保障自己的權益，但過程會相當繁瑣和艱難。這就要求我們在日常生活中保護好自己的個人資訊，不要隨意對外界透露，以防被人利用，銀行在遇到此類問題時不肯擔當的態度，往往令人心寒，指望銀行替你把關顯然是奢望。

在進行各種投資時，理財產品經營者受利益驅使，對投資者隱瞞實情是常見之事。不管是企業還是安全係數比較高的銀行，都會存在這種現象。其實這些麻煩，我們是可以透過一些方法來避免的，例如詳細閱讀產品說明與合約書，不輕信客服人員天花亂墜的推薦，在選擇和操作時多留幾個心眼，保持自己的立場，堅定自己的投資目標。這些原則或許有些麻煩，但卻是我們規避此類風險的最好防線。

投資路上沒有一夜暴富，只有合適的理財方式

一個英國人和一個猶太人是好朋友，大學畢業後，他們懷著「美國夢」結伴去美國找工作。

有一天，他們在街上看到一枚硬幣躺在地上，路人皆是行

Lesson 9　避免財務陷阱─哈佛教授給投資者的八大忠告

色匆匆,沒有人朝這枚硬幣多看一眼。英國人像那些路人一樣,對這枚硬幣毫不在意。而猶太人卻畢恭畢敬地把那枚硬幣撿了起來。英國人見猶太人把硬幣鄭重地放進口袋裡,不禁笑起來:「一枚硬幣也撿,真沒出息。」

後來,兩個人在同一家公司找到了工作。由於公司尚處於起步階段,規模小、工作重、薪水不高,英國人在這裡做了一個星期,覺得看不到前途,就辭職了。猶太人沒有動搖,仍留在這個小公司裡堅持工作。

幾年以後,猶太人開起了自己的公司,成為百萬富翁,英國人仍在各個公司裡輾轉工作,每月領取微薄的薪水。當昔日的好朋友在街上偶遇時,英國人看到此時已西裝革履的猶太人,非常驚訝:「像你這樣沒出息的人怎麼就發達了呢?」

猶太人笑著回答:「因為我會珍惜每一分錢。你連一枚硬幣都不屑一顧,又怎麼能發財呢?」

這個小故事就很好地折射出了一個道理:財富靠累積,要想一步登天是不切實際的。在這個故事裡,英國人並不是不喜歡錢,他只是認為一枚硬幣不會對他的財富產生到任何影響,所以選擇無視。但是猶太人深知,所有財富都是靠無數個「一枚硬幣」累積起來的,不積小流無以成江海,沒有這些原始資本做基礎,又何來以後的財富?

我們再看兩人對工作的不同態度,這個看似與理財無關的橋段恰恰反映了一個深刻的道理:在生活中,很多人就像這位

英國人一樣，不滿足於見效慢、回報低的理財產品，而是時刻夢想著尋找一條快速致富的捷徑。但我們要先看清事實——在市場中永遠是 10% 的人賺錢，90% 的人賠錢，這是市場的鐵律。所以真正的富豪永遠只有那一小撮人，大多數普通人仍是過著平凡的日子。

與英國人相反，猶太人並沒有小瞧這種簡單不起眼的工作，而是一步一個腳印、緩慢而有效地走到了財富金字塔的頂端。可見，只有從點滴做起，選擇最實際的道路，拋掉好高騖遠的錯誤認知，才有可能達成累積財富的夢想。

「哈佛大學凌晨四點半景象」已經為眾人所熟知，它是指在每天的凌晨四點半，哈佛圖書館自習室依舊是燈火通明。哈佛商學院的教授曾以此來教育學生：「每一次成功的背後都有不為人知的付出與汗水，在理財方面也是相同的道理——如果你不能傾心付出，一步一步地打好自己的理財基礎，那麼你也不會得到夢想中的財富。一夜暴富是不可複製的神話，所以我們普通人做做美夢就好，在現實中還是要穩定扎實地慢慢累積，這才是最實際的。如果基礎打不牢，財富終將是會從你手中溜走的。」很多富豪也是靠穩紮穩打的累積才實現了財富目標。

1960 年，湯姆和吉瑞絲從故鄉來到美國時，身無分文。六年之後他們大學畢業，開始了記者生涯。由於遠離家鄉又無背景，所以他們的理財策略就是「節省每一分錢」。

首先，他們採用了最為傳統的儲蓄方式，每月將固定金額

○ Lesson 9　避免財務陷阱─哈佛教授給投資者的八大忠告

的錢存入銀行，雷打不動；其次，在日常生活方面他們也非常節儉，經常光顧各種打折店鋪，關注促銷資訊。幾年之後，他們擁有了一筆還算可觀的積蓄，於是他們又從這筆積蓄中提出一部分資金投到基金中。又過了八年，這筆基金使他們成了百萬富翁。

湯姆和吉瑞絲所採用的理財方式無疑是最為常見也最為簡單的。回顧他們的理財足跡，可謂是典型的穩紮穩打型。首先在一窮二白的生活背景下，他們透過努力工作、認真儲蓄，用時間滋養自己的投資土壤，然後選擇最佳的理財投資精心培育，最終獲得了理想的財富果實。

也許有人會對湯姆與吉瑞絲的做法不太贊同：「想擁有財富不就是為了過上更好的生活嗎？如果為了財富而降低生活水準，過得勒緊褲帶，那又是何必呢？」其實，選擇什麼理財方式是個人自由，每個人所能承受的底線各不相同，所以也無須全盤複製他人的做法。但是，「一步一個腳印」地進行理財投資──這一點卻是共通的。下面就是適合普通人的投資路線。

一、分析自己的財務狀況

搞清楚你有多少錢，哪些是日常必需開支，哪些可以節省下來。

二、制定目標

目標可以很多種，從未來的子女教育基金到退休後可輕鬆

養老，都可以成為目標。有了目標，我們才能對投資產生更大的動力。

三、開源節流，從儲蓄做起

分析自己日常的消費支出，剔除一些不好的消費理念，改正消費惡習，省下錢來儲蓄。請注意，儲蓄將成為你人生中長期的固定投資，不管行情怎樣轉變，儲蓄都必須保持它在理財計畫中最穩定的地位。做到這一點，你就已經超越了許多還在盲目做富豪夢的人。

四、學會風險投資

當你有了一筆積蓄後，可以開始學習風險投資，例如股票、債券、基金等。選擇最適合自己的一個標的進行投資，最好是低風險能保證穩定收益的投資，讓它激發出資金的最大利潤，這就向「終極財富」又邁進了一步。在此期間，儲蓄在你的理財計畫中依然占有最重要的地位，不能因為風險投資放棄儲蓄。

五、堅持就是勝利

有了系統而健康的理財計畫，你要做的就是堅持投資，不要放棄。或許這些方式獲利較少，但請相信，當你一直堅持到「投不動」的時候，你一定已經成為一個小富翁了。

另外，在投資期間要注意保持良好的心態，戒貪戒躁，堅定自己的目標和信心，不因心急而盲目改變計畫。只要能用健

Lesson 9 避免財務陷阱──哈佛教授給投資者的八大忠告

康的心態實施理財計畫,一步一個腳印地進行投資,就一定能夠達成你的財富願望。

永遠不做自己不懂的投資

前哈佛大學教育學院院長曾經將投資形容為尋找伴侶──「對婚姻而言,我們需要的是一個能相互溝通、相互理解、相互支持的對象;對投資而言,我們也需要一個風險小、收益高、前景好的對象」。

這句話看似簡單,但未必是人人能夠做到的。現在我們可以反思一下自己在選擇理財投資時的情景:是否依賴於客服人員的介紹?是否逐條閱讀過相關說明?有沒有深入了解過該產品的歷史真實表現和收益?可以預見的是,有相當數量的人在聽到某產品風險低收益高後,就動了投資之心,至於它的品質如何,操作流程是怎樣沒有人在意。

巴菲特認為如果你對這項投資並不了解,那最好不要做。他在經營合夥公司時,時常接到客戶向他推薦個股的電話,但巴菲特回道:「我不懂這些股票,也不了解這些股票。我不會買我不了解的股票。」

巴菲特這段話中所謂的「懂」與「了解」,就是指你要像了解你的伴侶一樣了解你的投資產品,如果僅靠客服人員的建議、瀏覽說明書,然後將投資產品交給理財公司打理是不行的。

近年，在國外曾興起以「合作造林」為名義的投資開發活動。這些開發公司通常自詡為「森林銀行」，以託管模式的合作造林為噱頭，吸引客戶進行儲蓄式投資。它們做出了低風險高收益的許諾，甚至丟擲「只要肯投資，就在家裡坐等收錢」的豪言壯語，引來眾多投資者的關注。

然而事實又是怎樣的呢？

首先，該國政府規定不准占用耕地進行造林建設。就算有些公司強調自己可以辦理「林權證」，但它也不是萬能證書，如果在這種公司投資，遭受損失幾乎可以說是確定的。

其次，樹木生長受環境中的各種條件制約，例如光照、降水、風災、蟲害等。像這些自然條件所造成的損失，開發公司是不會承擔責任的。到頭來，這個損失還是得靠投資者自己買單。

再次，就算木材價格呈上漲趨勢，可國際上的廉價木材會對該國木材造成巨大衝擊。到時不要說營利，能保住本金就是萬幸了。況且，這類投資期限最短以五年起步，誰又能保證未來的形勢如何發展？

我們暫且只列舉這三項疑點，還有更多的疑問難以得到解答，可即便如此，仍有大量投資者僅憑宣傳冊上的一家之言，在對植樹造林一知半解的情況下，暢想著「坐在家裡數錢」的情景，把畢生積蓄投在了裡面。當時轟動一時的「合作造林」案，非法吸收大眾存款達 6.6 億，受害民眾達五萬人的典型案例。這

Lesson 9　避免財務陷阱─哈佛教授給投資者的八大忠告

些人哪怕只要多了解一下時事資訊，或是考察一下公司背景、仔細閱讀一些相關介紹，就不會掉入這個「綠色陷阱」中了。

「投資有風險」這句話已被洗腦式地宣傳，但人們一遇到看似「完美」的投資項目，就將它拋到了九霄雲外。其實，對於會投資的人來說，哪怕是股票這種高風險的投資也一樣遊刃有餘，而對於不會也不懂投資的人們來說，即使是儲蓄上各種存單搭配的方法也未必搞得懂。所以，「投資有風險」不僅僅限於投資產品的自身性質，還在於我們身為投資者有沒有去了解它、摸透它的心思。

一個能讓人得到很多回報的產品未必適合你，你有可能承受不了它的高風險，也有可能不耐煩它的操作流程，或者你根本連它最基本的營運原理都不懂，你唯一知道的就是「它很美」，基於這些我們可以說，該產品對你而言就是「路人」級別──試想，誰會有膽量到街上找一個素不相識的路人來結婚、走完今後的人生之路呢？

小喬在大學讀書時學習的是中文文學，對經濟理論和理財產品可以說是一無所知。但她的優點就在於善於學習和比較。她先是對銀行和金融公司提供的投資產品說明書仔細通讀，從產品結構和擔保責任入手，對投資操作規範、風險提示管理等各項條款進行逐條諮商，遇到不清楚的地方更是反覆詢問。經過兩年的學習與實踐，小喬不僅獲得了相當豐厚的回報，還成了朋友圈中小有名氣的理財專家。

理財的根本目的是為了增加自己的收入，而不是遭受損失。如果我們能夠像小喬這樣在投資前詳細學習和了解所投產品，做到知己知彼再出擊，還愁沒有回報嗎？

在生活中，我們購物時尚且還「貨比三家」，何況是承擔我們財富夢想的投資項目？但現實中較為常見的情景卻是，有些人看中某件昂貴的服裝，即使跑遍各家商場試上幾十遍也不會厭倦，而在選擇理財產品時卻往往靠一份說明書在幾分鐘內便做出投資決定，這顯得有些諷刺意味卻又令人無奈。

在別人恐懼時貪婪，在別人貪婪時恐懼

在股市中流傳著這樣一則笑話：「一位僧人路過股市恰逢熊市。僧人見狀說，我不入地獄誰入地獄？於是買入股票。又一日，僧人路過股市恰逢牛市，他看到股價暴漲，大驚出家人不可犯貪戒，於是丟擲股票。」這位僧人逢股市最低點買入，又在最高點丟擲，真可謂是歪打正著。

但哈佛大學經濟學教授可不認同「歪打正著」這個詞語，他們認為這樣的做法恰好印證了「反向投資策略」。所謂反向投資，就是指進行與市場情緒相反的投資。巴菲特有一句名言：「在別人恐懼時貪婪，在別人貪婪時恐懼。」這也就是說，在人們退出市場的時候我們偏偏入市，而在人們爭相入市的時候我們卻選擇暫時離開。

Lesson 9　避免財務陷阱—哈佛教授給投資者的八大忠告

2003 年 4 月，中國股市正值低迷時期，就在股民一片哀號聲之時，巴菲特卻以每股 1.6 到 1.7 港元的價格大舉買入 23.4 億中石油 H 股，此等壯舉令不少股民嘆為觀止。四年後，巴菲特先後七次以 13.47 港元的價格拋售所有中石油股票，淨利潤高達 277 億港元，這讓股民們再次瞠目結舌。

然而從巴菲特拋空股票開始，中石油股價彷彿打了雞血一般直線飆升，如果巴菲特沒有丟擲股票，那麼他現在可以多賺 160 億港元！但事情至此還遠沒有結束，當中石油股價漲至 48.62 元的最高點時，股民們開始為股神惋惜，不少所謂的「專家」也紛紛表示：「股神對中國國情並不了解，才會造成重大失誤。」質疑之聲鋪天蓋地襲來，股神眼看就要被拉下「神壇」。

很多股民都將巴菲特先前的告誡拋到了腦後，紛紛以每股 40 多元的成本入市，真是勇氣可嘉。據當時券商提供的數據顯示：「截至 11 月 22 日，中國石油股東帳戶數為 1,659,170 戶，其中散戶持有 52.6%，中戶持有 16.5%，而大戶持有 7.5%，法人帳戶持有 18.3%，機構帳戶持有 5.1%。」正當人們翹首以盼股價再現百元奇蹟時，中石油的 A＋H 股卻聯袂滑落，沒過多久便跌至巴菲特的賣出均價，於是股市再次哀鴻遍野。

事後，巴菲特曾在接受媒體採訪時分析說：「中石油遠比英國石油、埃克森或殼牌便宜，可四年之後，這檔股票的價格高昂。當投資標的物的市場價格超過了內在價值、出現了一定的泡沫以後就應該毫不猶豫地賣出，而不是繼續持有。」

不為市場泡沫所迷惑，要透過現象看本質——看來股神自始至終都在貫徹反向投資策略，只是我們自己沒有改變一窩蜂投資的習性，即使事實擺在眼前，也還是會因貪圖利益而心甘情願地湧入市場，每每在塵埃落定時才恍然大悟。

貪婪與恐懼在投資市場中可以作為中性詞語來解讀，沒有絕對的褒貶含義：如果在投資時過於貪婪會一敗塗地，而在市場低迷時讓自己貪心一點，卻有抓住市場轉捩點的可能；恐懼是公認的投資之路的絆腳石，但如果我們在市場看似紅火時謹慎一點，又很可能在一片血光之中保住自己的本金。

可見，貪婪與恐懼雖是投資大忌，在關鍵時刻卻能反轉成「救命稻草」，這就要看我們在投資時如何修身養性了。

投資市場本就是一個讓人瘋狂的地方，它既是天堂也是地獄，這兩種模式的切換速度常令人猝不及防，不過我們還是可以透過一些明顯的跡象來加以判斷——以股市為例，當你發現身邊的賣菜小販甚至是看門大爺都開始期待股價持續上漲時，這便是你離市的最好時機。

勢頭昂揚的市場像磁鐵一樣吸引各式各樣的人加入其中，當市場泡沫被越吹越大，所有人都陷入一種瘋狂狀態時，按照物極必反或者拋物線的原理，它離下跌就不遠了。而當市場低迷，所有人恨不得離得越遠越好的時候，恰是我們嘗試入市、準備投資的好機會，因為市場不可能永遠保持低迷，下跌到底必會反彈。

Lesson 9　避免財務陷阱—哈佛教授給投資者的八大忠告

巴菲特說：「當人們忘記『二加二等於四』這種最基本的常識時，就該是脫手離場的時候了。」美國投資分析家尼爾（Humphrey Neill）告誡人們：「當市場上群眾的觀點、認知、方法、思維趨向一致的時候，應採取反向操作。因為當所有人想的都一樣時，可能每個人都錯了。」美國證券界風雲人物羅傑斯（Jim Rogers）說：「歲月讓我懂得，任何時候遠離群眾，群眾都會責備你，甚至斥責你，會說你『太不理性』甚至是『瘋狂』——不過，對於一個投資者來說，這是件好事，幾乎每一次我不跟風時都能賺到很多錢。」可見，不抱跟團心態、以劍走偏鋒的風格進行投資才是大將風範。

需要特別注意的是，反向投資策略只是一種思維方式，並不能對市場走向進行精準的預測，它需要投資者結合投資經驗進行判斷。並且，反向投資策略並不是任何時候都管用。但鑑於各位金融大鱷都以此為信條並且提供了典型案例，又有「真理總是掌握在少數人手中」的名言警句，所以我們可以在投資中有選擇性地進行嘗試。